大数据
与人力资源

Facebook如何做人才战略规划

[美] 罗斯·斯帕克曼◎著
（Ross Sparkman）

谢淑清◎译

Facebook

Strategic Workforce Planning

ZHEJIANG UNIVERSITY PRESS
浙江大学出版社

本书讲了什么

战略人力资源规划（SWP，Strategic Workforce Planning，
又称劳动力规划或人才规划）并不是一个新兴概念。事实上，从本质
上来讲，管理未来人力需求的概念已经存在几十年了。只是现如今有
些组织在规划人力资源时对细节要求更高了，导致复杂性也更高了。
至于背后的原因是什么，本书会带你一探究竟。无论如何，这些背后
的原因导致了组织在规划、管理人力需求上更加严谨。

出版本书的目的在于，当企业的领导者以及战略人力资源规划的
执行者在考虑如何规划、管理未来的劳动力需求时，可以为他们提供
一系列指南。本书介绍了可用于战略人力资源规划的多种不同框架，
讨论了组织中的哪些领域可能会从中受益，同时给出了创建高性能战
略人力资源规划职能部门的方法。除此之外，本书还会就组织内战略

人力资源规划职能部门的设立和调整方式进行讨论，以及对战略人力资源规划职能部门在企业内的作用给予评价。

本书写给谁

从最本质的层面来说，这是一本商业书。它可以成为任何企业家或人力资源领导者实现企业战略目标时手中的工具，只要他们想要在创建一支更高效的劳动力队伍上进行更多的战略性思考。同时，本书也可以帮助那些已经从事战略人力资源规划的员工，指导他们从一个全新的视角去思考。最后，如果有人想从事战略人力资源规划或相关领域的工作，又或者想要了解其中更多细节，本书也可以成为他们的研究工具。

如何使用本书

本书可以帮助读者全面地了解战略人力资源规划，只要你们从头到尾看完这本书，就能从中获得价值。也许有读者只对书中的某些内容感兴趣，比如想了解如何预测劳动力供给与需求的走向，那么你们可以只阅读与之相关的章节。也就是说，本书章节的编排方式使得读者无论从哪里读起，都能从中获得相关知识。

书中术语

整本书中会有一些使用较为频繁的术语。为了帮助读者更好地理解，在此明确一下这些术语的定义。

战略人力资源管理：一项与人力有关的活动，需要组织、团队或部门的参与来促进、优化和加强组织的业务成效。

组织：一个由拥有共同目标的员工、领导组成的团体。在本书中，组织往往和企业、公司、非营利机构意指相同。

职能部门：一个由特定员工组成的团体，以支持组织或企业去实现更宏大的目标（如企业战略）。

团队：有时候也指部门，但在本书中，更多的是指由职能部门中的一部分人组成的更小的组织。

战略人力资源规划的执行者：部分或完全参与战略人力资源规划工作的个人。

战略人力资源规划团队：在本书中可以和"战略人力资源规划职能部门"互换使用。

战略人力资源规划职能部门：在本书中可与"战略人力资源规划团队"互换使用，但相比战略人力资源规划团队，它一般规模更大些，也比团队更成熟些。

目录 STRATEGIC WORKFORCE PLANNING
Developing Optimized Talent
Strategies for Future Growth

01 什么是战略人力资源规划

02 保持人力资源战略与企业战略的一致性

06 劳动力总成本

07 基于技能的战略人力资源管理规划

08 战略人力资源管理规划之选址策略

09 临时劳动力的战略人力资源管理规划

10 劳动力分析

11 建立有效的战略人力资源规划职能部门

12 变革管理在战略人力资源规划中的作用

13　为未来的工作做战略人力资源管理规划

STRATEGIC WORKFORCE PLANNING

01

什么是战略人力资源规划

Developing Optimized Talent
Strategies for Future Growth

什么是战略人力资源规划

从根本上来说，定义战略人力资源规划最简单的方式就是抛开这一专业术语中的前两个词，只谈最后一个词——"规划"，这样可以为战略人力资源规划提供最为直观的解释。最基本的战略人力资源规划是一个分析人力资源当下和未来状况的框架。在不同的时间点对不同的人力资源状态进行评估，将有助于深入了解在拥有同样人力资源的情况下现在的公司与未来的发展之间存在的差距。如果措施恰当并且有正确的支持和指导，这类分析将揭示：为了达到理想状态，人力资源中有哪些需要特别注意的地方。指导方针中的第一步便是确定改进方案，以便采取具体措施达成未来的理想状态。

举个例子，假设有一家名为 Widgets-Are-Us 的公司决定开展战略人力资源规划评估。该公司首先要分析一些基本人力资源指标，如平均任期和年龄，以审视其目前在行业关键垂直市场上的人力资源结构。这一简单分析显示，在工程部门中，70% 的员工年龄在 50 岁以上，60% 的员工拥有 20 年以上的工作经验。

我们假设这一评估的下一步骤是就未来更宽泛的组织策略将如何影响公司人员结构进行研究。这一部分的分析表明，研发团队开发了一些突破性的产品，这些产品利用了 3D 打印技术。这项新技术对于该公司来说是一个巨大的机会，可能会让公司在小部件行业中获得成功。然而，问题是新的 3D 打印技术需要一系列工程部门的技术支持。

从战略人力资源规划的角度来看，我们现在已经从分析中得到了两个明确的结果：第一，由于部分员工即将退休，公司的工程部门显然面临着一大部分知识库的流失。第二，差距不仅存在于目前，还影响着公司未来的发展。

在这一虚构案例中，下一步便是制定一个详细的计划去缓和这一潜在的风险，战略人力资源规划的战略部分便是在这里起作用的。战略人力资源规划从业人员应制定相关计划，包括关键行动、时间表以及可交付的成果，从而确保整个系统、流程能够最大限度地减轻这两大风险。在这一案例中，一个简单的战略人力资源规划可能需要回答以下问题：

知识流失

◆ 老员工退休会带走的重要技能是什么？

◆ 我们如何确保在拥有关键知识的员工离开时我们已经掌握了这些技能？

◆ 我们是否可以有一个系统来帮助我们掌握这些技能？

◆ 如若有，这样的系统应该是什么样子的？

◆ 是否有机会返聘这些退休员工来当兼职顾问？

3D 打印技术

◆ 如何评估 3D 打印技术所需的技能？

◆ 能否在已有技能的基础上继续发展？

◆ 这些技能在外部劳动力市场是否存在？

◆ 能否制定一个培训方案来培训这些技能？

◆ 购买这些所需技能是否性价比更高？

◆ 是否有其他公司拥有或是正在开发这些技能？

◆ 这些技能在外部劳动力市场上值多少钱？

◆ 如果不能开发或掌握这些技能，会对企业造成何种影响？

◆ 这些技能什么时间必须到位？

　　一个好的战略人力资源规划应该解决什么样的战略问题？以上所列就是一个很好的例子，但这只是开始。一个合格的战略人力资源规划不仅要能够解决战略问题，还要能够详细地描述管理计划的执行情况。从本质上讲，它将是一个全面的项目计划，拥有清晰的时间线、行动指引、可交付成果以及最终的成效。另外，它还应提供度量成功与否、风险高低的标准，规划出沟通与变革管理的计划。战略人力资源规划需要着重思考的问题如下：

◆ 需要参与这一行动之中的利益相关者有哪些人？

◆ 谁来赞助？

◆ 有执行发起人吗？

◆ 是否会成立指导委员会或项目团队？

◆ 是否会保持持续的会议节奏？

◆ 该计划的时间线如何？

◆ 需要采取哪些具体行动？

◆ 成功的指标是什么？

◆ 是否需要变革管理？

◆ 整个计划需要广撒网还是更具针对性？

◆ 执行该计划将耗费多少时间与精力？

◆ 该计划中的角色与责任如何分配？

◆ 计划／项目的成本如何？

◆ 如何衡量和追踪这些成本？

至此，最初的问题就有答案了。战略人力资源规划是一个思维过程，随着市场条件的变化、商业周期的成熟，组织人员所面临的机遇与挑战就是它规划的内容，它试图定义出市场变化与商业发展下组织人力资源结构的演变。

简言之，战略人力资源规划是一项公司内部的职能，负责识别出与业务变更息息相关的机遇与挑战，然后就如何面对变化、抓住机遇、规避风险制定一个计划。

对战略人力资源规划的一些误解

战略人力资源规划不是万能药，并不是组织所面临的大大小小的挑战都能靠它解决。我们不如说它更像一张地图，引导企业朝着预期的方向前进。获得行政管理层的支持是十分重要的，这样整个过程执行起来才会有组织认同感，让人觉得大家是愿意看着它好好开始、圆满结束的。

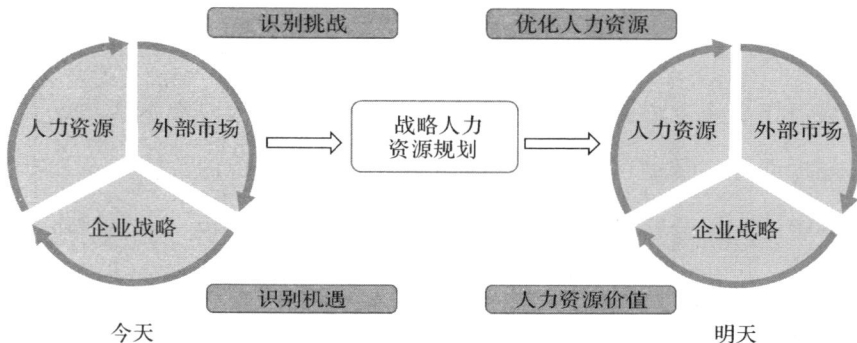

▲ 战略人力资源规划的基础

战略人力资源规划也不等于"一刀切"。事实上，在战略人力资源规划过程中很重要的一步就是要理解——即从企业文化出发，以企业运转流程为基础，思考如何量身定制一个计划。企业在践行这一计划时。要有一定程度的创造力以及开放性。

好的战略人力资源规划并不是一蹴而就的，它需要付出很多努力。将战略人力资源规划嵌入整个企业的运转过程中需要花费一定的时间，另外，需要花更多时间的是评估战略人力资源规划的影响及其投资回报率。

把战略人力资源规划看作面向未来的一种具有前瞻性的文化转变，这是很有必要的。这对于普通大众来说可能不是很好理解，就像在一个组织中实行新的举措或项目一样，由于思考方式发生了结构式改变，必然会遭受巨大的阻力。通过在广泛的人力资源规划中结合缜密的变革管理与沟通策略，来应对可能遭逢的阻力，这将大大增加战略人力资源规划成功实施的可能性。

尽管劳动力分析是战略人力资源规划很重要的一方面，但劳动力分析并不只是分析。由于劳动力分析与战略人力资源规划有着紧密的联系，可以把它当作战略人力资源规划最重要的工具。战略人力资源规划过程中的数据分析部分将帮助组织理解当前与未来劳动力结构的关键差距在哪里。没有一定的数据分析支持，就无法查明和理解这些差距。说到战略人力资源规划中的分析，有一点值得注意，基础分析和复杂分析之间的差异是很大的。基础分析可以简单到只是绘制一个有关任期的柱状图，而复杂分析可以涉及开发一种复杂的机器学习算法来预测员工的流失率。

最后一点，战略人力资源规划并不简单。你在这整个过程中投入的时间、精力与责任越多，它就越有效。开发并执行战略人力资源规划并非易事，有许多方面都需要考虑清楚。最重要的便是培育和发展跨职能合作关系，同时对数据进行组织分析也是必要的。另外，项目计划的制定与资源的分配对于项目的成功与否起着决定性作用。以上所述都需要时间与耐心，需要具备长远的目光和奉献精神。

战略人力资源规划的目的与作用

就目前而言，整体来看战略人力资源规划的出现是为了提高公司或组织的绩效，使技术、项目、团队、日常工作与公司的战略、宗旨、目标更好地保持一致。

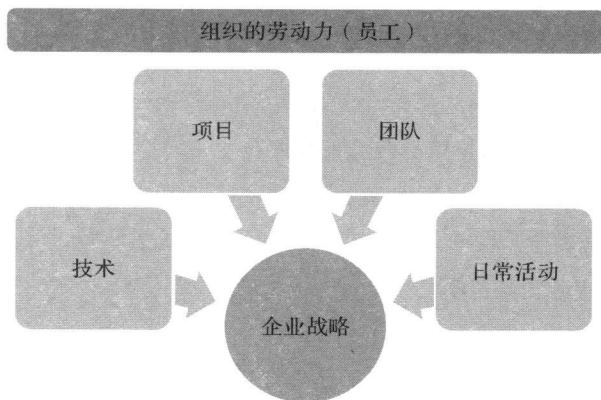

根据企业战略调整员工队伍，提高公司绩效

为了更好地说明这一点，让我们回到上文提到的虚拟案例，继续以这家名为 Widgets-Are-Us 的公司为例，来探究战略人力资源规划会对其产生的影响。我们知道，这是一家生产小部件的公司。同时，我们也清楚，它若想在其所在行业保持竞争力和创造力，那么它必须比竞争对手更快地将更好的产品推向市场，这也就要求公司在研发上进行大量的投资。从之前的案例中，我们了解到该公司已经决定在 3D 打印技术方面进行大量的投资。正因为其投资很大，公司将其一大部分战略转移至开发更多的通过 3D 打印技术创造的个性化产品上。务必要注意，公司的长期战略是会改变的，而这将会对公司长期的人力资源战略产生重要影响。我们来看看这一新战略将如何影响人力资源部门的某些进程。首先，招聘团队需要去了解候选人的概况，溯其背景与经验。而人力资源业务合作伙伴则需要了解、优化新战略所需的技能要求，还要知道这种新的产品生产方法将会对现有的传统制造程序产生何种影响。更多的问题将会接踵而至：

◆ 这一新的战略方向对其传统制造部门的劳动力规模和人数要求会有影响吗？

◆ 是否会缩减劳动力规模，或者是否要对这些传统业务从业人员进行交叉培训以满足 3D 打印技术的运作需要？

◆ 在地域方面，新的产品战略是否需要更多地理上分散的人力资源？

    ——如果需要，现有的员工是否要调职到外地？

    ——这会造成员工流失吗？

    ——员工的流失是好是坏？

◆ 新的劳动力成本结构较之过去的又将有何变化呢？

◆ 更加专业化的技能要求是否意味着要支付更高的报酬？

◆ 与现在的生产过程相比，3D 打印技术战略所需要的劳动力是更多还是更少呢？

◆ 典型的拥有 3D 打印技术经验的员工又有哪些特征呢？

    ——他们更喜欢做承包商还是自由职业者？

    ——作为企业，是否需要制定相对应的人力资源策略？

从这些问题中可以明显看出，即使是一个小小的策略改动，也可能会对公司的劳动力结构产生重大影响，起码是有一些与人力资源相关的新问题亟待解决。除了这些基本问题，此处也揭露了一个事实，即劳动力的确会受战略改变的影响，组织如何去处理新的人力资源需求将会成为新的战略方向能否成功的一个决定性因素。

之所以举这样一个例子，就是为了说明：组织若在真空中做出战略决定，而不考虑该决定会对劳动力所产生的影响的话，就是在无视决定新战略成功与否的一大重要因素。现在，战略人力资源规划的真正目的开始逐渐浮出水面，即思索员工如何配合企业实现当下以及未来的战略。

战略人力资源规划对于组织的益处

战略人力资源规划是能够使组织受益的，因为它能够使管理者以及人力资源专员洞悉劳动力的当前与未来状况。如此一来，他们便能获取有效信息，做出有关劳动力的最优决策。同时，战略人力资源规划也会帮助组织在公司战略与人力资源之间架起一座桥梁，保持这两者的一致性，这对于最大化公司未来的绩效是至关重要的。

那么，哪些部门是在战略人力资源规划中受益最大的呢？或者换一种问法，哪些部门不能从中受益呢？之所以会有战略人力资源规划，其目的是使当前与未来的人力资源能与组织的战略保持一致。组织的战略取决于其业务内容与部门，而这两者又依附于组织员工。如此一来，为什么战略人力资源规划能够使得业务的方方面面都获益便可见一斑了。

好的战略人力资源规划应该贯穿整个组织，依托各个部门。在做战略人力资源规划的时候要深入了解部门与部门间的关系链，如此才能制定出有力且有效的人力资源管理规划。

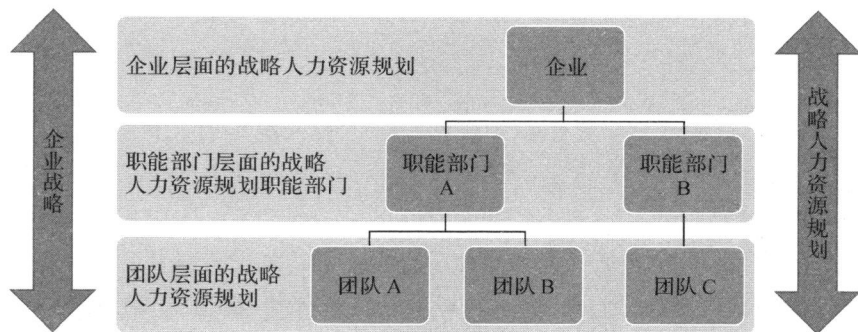

▲ 一个好的战略人力资源规划过程贯穿组织的各个层级

　　还是以我们虚构的公司 Widgets-Are-Us 为例，该公司决定在亚洲建立一个新的办公室。那么，在这个新办公室创办以前首先该考虑的肯定是，将会有多少员工在这里工作？

　　考虑一下该公司的不同职能部门，想一下战略人力资源规划是如何潜在地去影响这些部门的决策的。这里传递出了很多信息。比如负责硬件设施的团队，他们只有在有了一个详细的战略人力资源规划的基础上才能知道他们要为这个办公室购买多少设备。另外，他们也需要了解他们有多长的筹备时间去采购，并规划好办公环境等。而办公室环境的营造则需要基于将在这里工作的员工的期望，这就又印证了前期良好规划的重要性。

　　财务部门也需要了解战略人力资源规划，以对即将新增的员工报酬做出预算。同时，负责招聘的部门也需要了解他们要派出多少招聘人员去物色、筛选新员工。而对于未来员工该掌握怎样的技术去使用设备，是 IT 部门需要把握的事。

　　尽管这个例子并不全面，但也较典型地阐述了哪怕是选址新建办公室这样一个简单的战略决策也需要大量与人力相关的数据与规划，这是跨各个部门进行规划所必需的。

　　战略人力资源规划对于组织中任何一个依赖人或是与人有间接或直接关系的角色都是有用的。虽然组织中的决策者往往是最直接的利益相关者，但公司中的其他人也会受到影响。

　　当战略人力资源规划开始嵌入企业的运营流程并成为其一种思维模式时，它所带来的影响力将以指数级增长，这是企业在规划和决策人力相关问题时的必经之路。关于这个主题，本书之后还会有更为详细的讨论。至于现在，你只需要知道将有这样一种思维模式嵌入组织之中。组织中的人物、时间、地点越灵活，就越有助于为所面临的人力资源挑战与决策制定出富有创造性的解决方案。此外，各部门、团队、员工对于战略人力资源规划使用的可见度与整合度越高，公司也就越能从跨部门合作中受益，这些合作最终将转化为一支强大的人力资源队伍。

战略人力资源规划的挑战

显而易见，战略人力资源规划很有可能会给组织带来不少的好处与利益，但与此同时，也会带来一系列挑战。

意识

当组织准备去增建一个战略人力资源规划部门的时候，会遇到"意识"这第一只拦路虎。就像引入任何其他程序和倡议一样，如果对这即将引入的新事物以及引入原因没有一个清楚的认识，就很有可能遭遇来自直接或间接利益相关者的阻挠。意识方面的挑战形式是多种多样的。有些员工可能根本不清楚战略人力资源规划是什么意思；也有些员工可能知道这代表了什么，但却并不清楚公司这么做的原因是什么；另一部分员工可能有这样的认识，也知道战略人力资源规划是什么，但并没有碰到真实的商业案例，也就不能理解它会带来的利益，特别是考虑到所需付出的努力的时候，可能就缴械投降了。

如果想要推行战略人力资源规划，组织就需要一个可靠的沟通战略来为后续的流程铺路。具体而言，这样一个沟通战略是为了解决战略人力资源规划所涉及的推行理由及人员、内容等相关问题。

之后的章节会更深入地去讨论一个好的沟通策略会带来何种积极影响与益处。良好的沟通战略要能够向员工传达战略人力资源规划部门的目标、达成目标的步骤以及人员组成。所有这些都有助于提高全体员工对战略人力资源规划的认识，并减少变革的阻力。

角色与责任

组织所面临的另一挑战就是可能会对战略人力资源规划的定位产生混淆。通常来说，战略人力资源规划由人力资源部门来负责是较为常见的，但把它归属于财务部门、运营部门，甚至把它独立出来，也是有理可依的。无论它的最终定位在哪里，重要的是要落实人力资源管理的跨职能化，以此获得最大的价值和影响力。

数据质量与数量

战略人力资源规划的一大基本要素就是数据。数据能够帮助战略人力资源规划的执行者了解人力资源每一天的状况，并据此预测出它会有什么变化。那么这些数据又源自哪里呢？通常来说，它是有多个来源的。但它有一个主要也是最重要的来源，那就是所在组织的人力资源信息系统。一般来说，这样的系统都得不到很好的日常维护，数据表中有缺漏或是前后不一致都是常有的事，数据源及数据定义有时也会发生混乱。除此之外，还经常出现手动创建临时域名的情况，这就导致了数据缺乏一致性与统一性。人力资源信息系统缺乏一致性，这就给那些战略人力资源规划的执行者带来了挑战，因为一旦用了其中的数据，就很有可能发生错误的输出。但凡和组织其他人员传达了用错误数据产生的分析报告，就会有丧失可信度的风险。如果可信度遭受重创，那对战略人力资源规划执行者来说是比较麻烦的，因为这样他们就很难去说服那些利益相关者，让他们去认可战略人力资源规划的价值。

规模化

一般来说，组织准备实施战略人力资源规划会先从一个小的试点开始。这种性质的试点项目一般会放在组织中不那么重要的部门首先进行，并且会有那么一两个利益相关者试图去解决组织所面临的挑战。一个成功的试点项目是能够给公司或是新的战略人力资源规划部门带来或多或少灵感和启发的，它实质上就是实践有效性的概念验证。如果这个试点项目成功了，那么这个小小的胜利或许就能够让组织决定正式成立一个部门专注于战略人力资源规划。一旦做出决定并制定了相关计划，规模扩大化带来的问题与挑战就会显露出来。之所以会出现这种情况，是因为相较于小型的试点项目，在整个公司范围内去开展战略人力资源规划复杂性更高、挑战性更大。所以，对于整个公司来说，对战略人力资源规划在企业层面取得成功有强烈的愿景，这一点是十分重要的。有了这一愿景，组织应制定出详细的路线图和项目计划，规划出能够成功执行和落地实施的具体步骤。至于如何制定出战略人力资源规划的路线图及其构成要件，将在之后的章节再展开叙述。

构建战略人力资源规划的职能部门

一个典型的战略人力资源规划职能部门是如何组织的呢？这个问题没有答案。相反，整个结构取决于公司对于这一职能部门的目标、视野以及战略。因此，要使战略人力资源规划适应公司独有的情况，这才是至关重要的。我们必须承认，作为公司即将实行的战略人力资源规划，如何去构造这样一个职能部门应该放到前期设计里。事实上，这应该是设计阶段首先要考虑的问题之一。

根据之前所讨论的战略人力资源规划在组织中的目标与愿景，组织可以有许多不同的结构来实现其职能。第一种结构在组织中较为常见，依靠单点联系或是确立单人来负责整个项目。这种结构会比较受那些在员工数上有限制（这种情况并不少见）的企业的欢迎，这些企业往往希望从小规模开始整个项目，进行概念验证，然后在个体实验成功的基础上建立团队。这种方法也面临一种挑战，单靠个人往往很难去牵动整个项目。参加会议、建立人脉、游说利益相关者，所有这些压到一个人身上确实让人吃不消，最终的结果也就只能是这个人的工作没有质量、缺乏数量。

另一种结构则是采取了更为传统的团队模式，衍生出来的形式也是多种多样的。总体来说，团队应该角色分明、任务清晰。只有组建一个这样的团队，所带来的影响力才能超越单个人。团队中应该确立一位领导者，他要去起草蓝图，规划路线图，并领导整个项目。团队中还应有一个重要角色——统计专家，主要负责对当前人力资源状况进行量化统计分析，并预测未来人力资源的趋势。团队还应考虑设一名数据工程师，编写结构化查询语言，以便对数据进行提取与操作。最后，团队还需要有一名有洞察力的合作伙伴，负责与整个业务的利益相关者进行合作，以更好地了解业务需求、战略驱动因素及组织的未来趋势与目标，并以建议的形式提供咨询支持。

再次重申，战略人力资源规划的团队规模取决于组织所希望达成的最终目标。也就是说，组织的规模越大，在全范围内推行战略人力资源规划就会越复杂。大型跨国公司不论采取集中性措施还是分散性措施，都需要考虑战略人力资源规划的职能。然而，在决定采取何种措施之前，还有以下重要问题需要考虑：

◆ 是否应设立区域团队？
◆ 是否应以业务为单位组建团队？团队规模又是怎样的？
◆ 是否应在每个环节都提供个人支持？
◆ 应把这个部门放在何处？

在最后一个问题上，究竟该把战略人力资源规划职能部门放在组织里的哪个部门才能最大化发挥其作用，一直以来都争议不断。在更为传统的模式下，战略人力资源规划应该是放在人力资源部门，但也有放在财务或是运营部门的。团队定位再次成为一个难题，它不仅是最终愿景、战略、组织胜任力的问题，更广泛地说也是整个企业组织设计上的问题。

战略人力资源规划过程中的工作、角色与技能

在上一节内容中，已经讨论过了最佳的战略人力资源规划应该具备哪些

不同的工作角色。虽然说这是一个很好的开始，但除了团队角色的类型，我们还需要考虑很多。比工作角色本身更重要的，是担任这些角色的员工所拥有的技能，之后将会有一整个章节就该问题展开陈述。

战略人力资源规划团队的成功需要什么样的技能呢？这取决于许多因素，例如战略人力资源规划的目标与愿景、组织所在的行业、公司所在地等。

撇开这些因素不谈，若想使战略人力资源规划团队的影响力最大化，团队所需的技能是必备条件。团队里的工作角色不同，所需技能也有很大差异。那么，我们在本章开始时提到的那些工作角色有哪些具体技能要求呢？以下清单不失为回答这一问题的一个很好的起点。

团队主管

- ◆ 领导经验
- ◆ 主管风度
- ◆ 沟通技巧
- ◆ 影响力
- ◆ 谈判技巧
- ◆ 分析能力
- ◆ 注重细节
- ◆ 拥有战略人力资源规划与分析的经验
- ◆ 用数据说话
- ◆ 项目管理
- ◆ 能够在压力下工作
- ◆ 解决问题的能力

从这份清单可以清楚地看出，这些身为战略人力资源规划项目的领导者所应具备的和其他任何领导岗位上所要求的素质相差无几，主要的区别就是对战略人力资源规划、项目管理等专业技能的背景要求。

数据工程师

- ◆ 数据管理
- ◆ Python（一种面向对象的解释型计算机程序设计语言）
- ◆ R 语言（用于统计分析、绘图的语言和操作环境）
- ◆ SQL 结构化查询语言（一种用于查询和修改关系数据库的标准语言）
- ◆ Excel（一款电子表格软件）
- ◆ 统计学
- ◆ 提出正确问题的能力
- ◆ 能够在压力下工作
- ◆ 能够将复杂问题分化，使其更易于解释

以上所列为一个团队中数据工程师所必需的职业技能，它以数据库管理为根本出发点，并要求能够编写复杂的 SQL 查询程序。担任该工作角色的人员要求能够合并不同的数据集，并能够把创建这些数据集的方法表达出来。另外，这些人还必须能够在压力下工作，能够妥善处理好紧急事件。

合作伙伴

- ◆ 咨询行业背景
- ◆ 沟通技巧
- ◆ 分析技巧
- ◆ 数据可视化
- ◆ 用数据讲故事

◆ 项目管理

◆ 变革管理

◆ 有效会议

◆ 管理紧急事项

　　这里的许多技能要求和对团队主管的技能要求是很相似的，其最大的不同之处在于合作伙伴所需的领导风度与影响力并不用像主管要求那么高。这一工作更多的是担任机构外利益相关者的"知己"这样一个角色。另外，项目管理、变革管理以及沟通计划也是这一工作的重要组成部分。

本章小结

- 战略人力资源规划的目的在于提高公司或组织的绩效。

- 战略人力资源规划的任务是识别与人力相关的机遇与业务变化带来的挑战，然后制定出一项计划来利用这些机遇并降低变化所带来的风险。

- 战略人力资源规划不仅能够帮助管理者及人力资源专业人员洞悉劳动力的当前与未来状况，做出有关劳动力的最优决策，为组织带来业绩的提升，还能帮助组织保持公司战略与人力资源战略的一致性。

- 变革管理、沟通计划与执行者的支持对于任何一个战略人力资源规划项目都是必不可少的。

- 战略人力资源规划团队的结构取决于公司对项目的目标、使命及愿景，其既可以由一个人组成，也可以是一个跨区域、跨部门的交叉型团队。

STRATEGIC WORKFORCE PLANNING

02

保持人力资源战略与企业战略的一致性

Developing Optimized Talent
Strategies for Future Growth

人力资源战略

所谓人力资源战略，就是组织对人力资源的愿景、目标和决策的总和。这样的战略形式也是多种多样的，既可以采取短期形式，也可以采取长期形式。说它复杂也不复杂，有时仅仅是决定雇用多少员工这种简单的事；说它简单又不简单，可以复杂到就雇用、培训等一系列因素做出战略性决策。

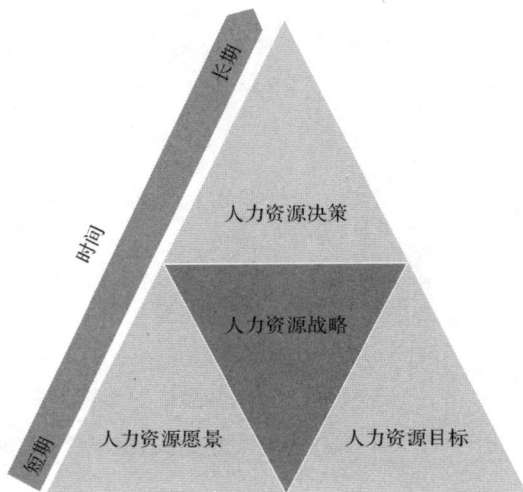

人力资源决策

人力资源战略

人力资源愿景　　　　　人力资源目标

长期

时间

短期

▲ 人力资源战略的基石

　　人力资源战略的特点是：（1）人力资源战略应包含明确的、可衡量的目标；（2）人力资源战略会就如何实现这些目标给出明确的时间表和关键举措。前期投入通常是决定人力资源战略好坏的关键。除了细节化与周详化，好的人力资源战略还会有一个明确且周详的计划来配合该战略的实施。好的人力资源战略方能有效地传达最终目标是什么、实现这一目标是为了什么以及为了实现这一目标具体计划要做些什么。

　　相反，不好的人力资源战略可以说根本谈不上战略，只能说它是一系列正在进行的行动与事件，既看不到最终目标，也看不到对企业绩效有何积极影响。举个例子，某组织决定新招募 100 名焊接工，而做出这项决定仅仅是因为他们前一年也招了 100 名焊接工。但是，如果招募这些新焊接工的目的是支持加拿大西部的一家新制造厂，而该厂正在为制造新产品扩展生产力，该新产品又是公司拓展新市场的一部分，那么招募这些新焊接工的目的才是清晰的，如此也就知晓如何将最终目标与更广泛的组织战略结合起来。

在对当前进程和业务战略的处理上，这类政策对于许多组织来说是完全陌生的概念，这是多数组织在人力资源战略方面通常会面临的挑战。它们可能实际上已经在制定和执行人力资源战略了，但尚未正式承认它们正在这样做。而其危险在于，当组织在做人力资源有关的决定时，很容易陷入"自动驾驶模式"，最终导致决策效果欠佳。

企业战略

所谓企业战略，包括企业为提高其股东价值所采取的行动、政策以及决定。虽然这是一个相对较为宽泛的定义，但了解企业战略所承担的角色在企业价值开发中起着重要的作用。在深入探讨企业与人力资源战略的关系之前，我们需要更多地去了解企业战略是什么。

一系列战略组成了企业战略，当它们组合在一起时，就为企业如何创造长期价值奠定了基调。值得注意的是，企业战略的这些不同方面根本上都是从组织的使命、愿景和商业模式出发的。这些包括：

- ◆ 企业长期追求的方向
- ◆ 公司围绕其长期战略开展的活动的广度与深度
- ◆ 在面向竞争者时企业的定位
- ◆ 在特定行业中企业的定位
- ◆ 企业利用资源后的自我提升
- ◆ 企业文化

长期愿景
活动范围
竞争定位
资源
企业文化

▲ 企业战略支柱

长期愿景

长期愿景是企业战略的组成部分，为其他方面奠定了基础。所谓长期愿景，也就是企业今天在哪里？明天又想去哪里？制定长期愿景，需要对企业所在的行业、企业自身核心竞争力和竞争对手都有一个透彻的了解。另外，还需要了解经济趋势，这可能会影响组织运作的商业环境。

活动范围

除了思考公司愿景，在决定公司为实现这一愿景要做哪些事情时也需要周密的思考和计划。思考问题如下：

- 公司将开发的产品或服务规模如何？
- 公司运营放在哪块区域？
- 竞争者只存在于某一行业还是多个行业？
- 以一个名字还是多个名字命名产品？

竞争定位

企业如何与其竞争对手竞争是企业战略中很重要的一方面。企业在考虑这一环节时，有多种策略可以选择。比如，若决定打价格战，那么它就必须成为低成本供应商。相反，也可以选择在质量和排他性上竞争，那么价格可能就会较高一些。广告宣传和品牌声誉也是可以竞争的领域，像可口可乐和迪士尼，在品牌塑造上就很成功。无论公司决定采取何种竞争方式，在做出决策前都需要多加斟酌，并对做出这个决策的风险与回报进行权衡。在这样一个权衡的过程中，竞争定位发挥着重要的作用。

资源

企业战略很重要的一部分就是思考如何对组织资源实现最大化利用，以支持企业战略的其他部分。我们可以把公司的资源看作在日常活动中创造价值的那些技术、技能、设备和劳动力的组合。从这个方面来看企业战略，我们就该意识到一个可靠的人力资源战略是必需的。这方面我们将在本章之后的部分详细阐述，但现在要知道，资源部分决定了组织对那些实现长期价值所需的日常任务的执行能力。

企业文化

企业文化是制定企业战略时需要考虑的最后一大构成要素。所谓企业文化，就是公司如何运作并在内部进行自我定义。尼德尔认为，组织文化就是组织成员集体价值观、信仰、原则的呈现。员工是否需要统一着装，大家上下班时间是否严格按照公司规定，公司是否重视公共道德和社会责任，像这样的问题看似无关紧要，但实际上对企业的成长却很重要。

人力资源战略的影响因素

人力资源战略的影响因素多种多样。然而，在众多因素中，有三类尤为重要，即劳动力市场、当前和未来的技术以及组织的企业战略。

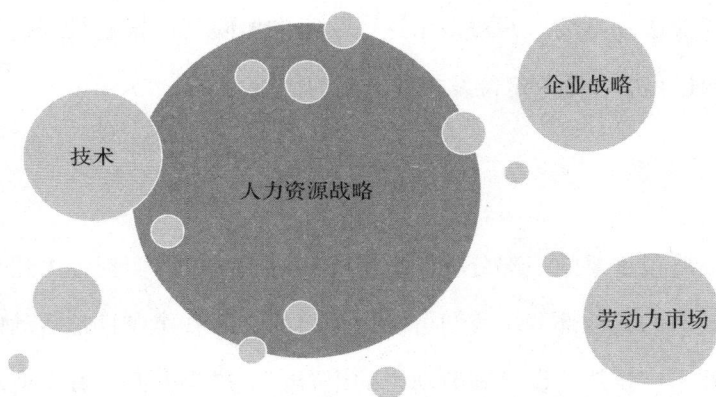

▲ 影响人力资源战略的关键因素

劳动力市场

劳动力市场是制定人力资源战略时需要考虑的一大重要影响因素。原因很简单，制定人力资源战略需要人才，而劳动力市场是人才供应的起点。所以劳动力市场成了人力资源战略最大的依赖项，这一点也不奇怪。也就是说，没有劳动力市场输送可靠人才，就很难制定可靠的人力资源战略。以下问题需要你做出回答：

◆ 组织人力资源战略所需的技能是普遍存在的还是很专业化的？

◆ 这些技能是只集中于特定地区还是分散于世界各地？

◆ 我们所讨论的技能是需要持续不断的培训认证还是只要实现便可一劳永逸？

◆ 技能需求是随时间的推移还是新技术的出现而改变？全球给予技能的报酬是否统一，地缘套利有无可能？

◆ 这些技能是否需要大学教育，如果需要，就业趋势又是怎样的？

◆ 就业趋势是否因地理位置而异？

◆ 是否有掌握这些技能的候选人的资料？

回答这些问题将有助于企业制定人力资源战略，这样制定出来的人力资源战略方能反映组织运营的现实状况。

当前与未来的技术

技术是另一人力资源战略需要考虑的因素。想要理解技术是如何影响人力资源战略的，先要考虑两个人力资源所涉及的技术方面的因素。第一是员工在日常工作中所用的技术，第二是技术在组织中的作用。

关于第一部分，重要的是要了解技术方面的进步如何影响日常工作。举个例子，假设一家企业从未为了熟练掌握电脑技术而去调整人才需求，而竞争对手的员工早已掌握了这些技能，那么他们可能就会在这一方面面临巨大的挑战。

第二部分将讨论未来技术的发展会如何改变甚至消灭员工现在的日常工作。机器学习、人工智能的进步早已开始改变企业的工作方式，在之后的章节里，我们会就这一主题展开更细节的讨论。但有一点要在这里说明，好的人力资源战略应该把这些技术进步的因素考虑进去，并思考它们将如何改变组织运转背后的结构和理念。

企业绩效指标及其与劳动力之间的关系

不论是否明确承认，大多数组织都会用关键绩效指标 (KPI) 来衡量员工的绩效。所涉及的行业与业务不同，关键绩效指标也会有很大的差异，但即使存在这种差异，有一些指标是多数企业都会进行追踪的，其中很典型的就是每个季度的收入。收入很重要，如果没有收入，企业也就无法支付费用并发展业务。业务驱动在战略人力资源规划的实践中尤为重要，如果两者能够被正确理解与运用，将有助于提供可量化的业务衡量标准来评估当前与未来的劳动力状况。

举个简单的例子来说，假设某一公司追踪测量每月收入与员工人数之间的关系。根据市场趋势、新产品供给与价格战略，企业制定出一份未来 3 年的收入预测。由于公司对每月的员工人数与收入都有跟踪，那么在两者之间就能建立起某种联系。在战略人力资源规划的大背景下，理解了这种联系将会产生巨大的影响，因为它能为从事战略人力资源规划的执行者提供一个可量化的业务驱动标准，可用于预测未来员工人数需求的发展。虽然这一案例过于简单，但它却说明了为什么在战略人力资源规划中了解业务驱动因素如此重要，它是人力资源战略与更广泛的商业战略相协调的第一步。

把人力资源战略与企业战略相结合

贯穿本书的一个主题即是把人力资源战略与企业战略结合起来。这是很有必要的，比起闭门造车，组织在制定企业战略的同时进行人力资源战略规划会为组织带来明显更高的价值。历史上，人力资源部门从未被视作能够与市场部和研发部那样为企业创造同等价值的部门。然而，有了合适的框架、跨职能合作伙伴关系以及强大的执行力，人力资源部门的作用将更为显要，也并为组织创造同等水平甚至更高的价值。

结合企业战略和人力资源战略的第一步，就是在业务上达成共识。要达成这一点，人力资源部门需要重点关注三大领域：企业员工的现状、企业员工的未来状况以及本章前面提到过的业务驱动因素。

企业员工的现状

在关注企业员工现状时，战略人力资源规划的相关人员应当了解企业目前的劳动力结构如何。这里的关键是：劳动力是如何分配的？在评估现状时应提出的具体问题包括：

◆ 企业现如今的员工规模如何？
◆ 企业员工中的关键角色有哪些？他们如何支持企业业务的扩展？
◆ 在年龄和经验方面，企业员工会有哪些变化趋势？
◆ 对员工的定位是怎样的？
◆ 全职员工和临时员工的比例如何？

这些问题的答案能够提供所需的基础数据，以了解组织员工目前是如何支持企业实现其战略目标的。另外，回答了这些问题也将有助于深入了解现阶段对员工提出怎样的要求会有利于企业未来的战略。

企业员工的未来状况

人力资源战略完全取决于企业战略，这其中跨职能伙伴关系非常重要。这部分的问题和上一部分很相似，但更注重未来企业战略的变化会对先前讨论的劳动力分配产生何种影响。

在这一部分，所提问题的框架应该更多地遵循以下方针：如果公司计划推出一款新产品，该产品将在海外生产，那么这一决定可能会对当前员工状况有何影响？又或者，如果公司计划在亚洲大举扩张新市场，又会如何影响职员总数的变化、招聘计划和空间规划？很显然，这一部分提出的需要回答的问题更大程度上依赖于企业未来的发展方向。但是，如果不首先了解企业员工现有的状况，就不足以回答这些问题。

业务驱动因素

在企业进行广泛的战略探讨的过程中，战略人力资源规划团队需要分析和呈现的最后一步是理解和定义主要业务驱动因素及其对劳动力分布的影响。

这一步需要更多的数据分析与量化分析。要了解业务驱动因素与员工人数需求之间的关系的一大方法便是线性回归分析法。通过线性回归分析，对于某一业务驱动因素与像员工人数这样的结果变量之间有很强关联性的假设便能得到证实或否定。人力资源战略与企业战略是存在因果关系的，所以在业务驱动下建立联系是很重要的。换句话说，如果我们提前知晓了预算研发支出与研发所需工程师数量之间的关系，我们便能在企业战略要求研发预算加倍时，据此准确推算出需雇用多少名工程师。

本章小结

- 人力资源战略是进行人力资源战略管理规划的起点。确保组织的关键绩效指标与人力相关的结果输出保持一致是制定可靠人力资源战略的一大关键。

- 企业战略的关键支柱包括：1. 组织长期追求的方向；2. 组织围绕其长期战略开展活动的广度与深度；3. 在面向竞争者时组织如何定位自己；4. 在特定行业中组织如何定位自己；5. 组织如何利用资源提升自我价值；6. 组织文化。

- 人力资源战略的影响因素有: 1. 劳动力市场; 2. 当前技术; 3. 未来技术; 4. 企业战略决策。

- 在结合人力资源战略与企业战略的过程中，应考虑的重要因素有：1. 企业员工现状；2. 企业员工未来状况；3. 关键业务驱动因素与绩效指标。

STRATEGIC WORKFORCE PLANNING

03

人力资源需求

Developing Optimized Talent
Strategies for Future Growth

什么是人力资源需求

所谓人力资源需求，即企业为实现其主要任务、目标、战略所需的对技术、经验与教育等方面的内部与外部需求。丹尼尔·海莫默什称之为雇主对雇员及其就业、薪酬、培训等方面的决定。人力资源需求与战略人力资源规划息息相关，因此，了解人力资源需求十分重要，如此便能看出人力资源需求与目前所提供的技术、经验、教育等方面是否存在差距。在战略人力资源规划的大背景下，分析人力资源需求能够显示出技术、经验、教育等方面是否过剩或不足。将这些因素纳入战略人力资源规划之中，将有助于进一步优化人力资源。

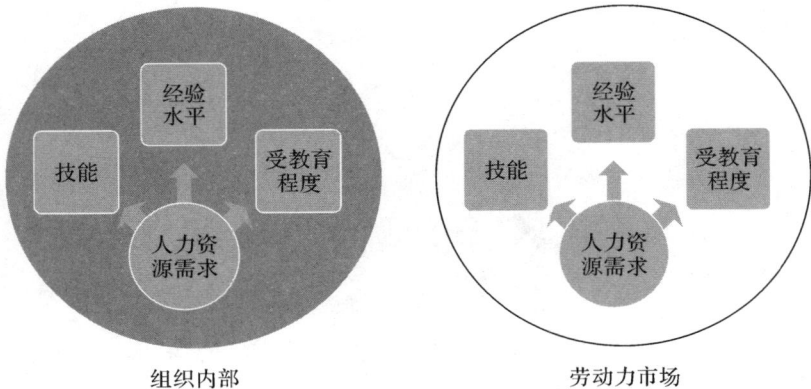

组织内部　　　　　　　　　　　　　劳动力市场

▲ 人力资源需求的要素

　　值得注意的是，站在不同的角度，人力资源需求的含义也大不相同。比如说，它可能意味着某一项员工特有的技能，也可能意味着员工的教育背景与经验水平。人力资源需求确实包含着不同的维度，因此组织应当亲身去对这些维度进行分类。为什么人力资源需求如此重要呢？当人力资源战略需要正式化时，难免涉及人才招聘计划，而招聘团队对于该寻觅怎样的人才需要一个详细的描述。举个例子，假设招聘人员被告知要招聘 20 名软件工程师，他们可能提出以下初步问题：

　　◆ 应具备哪些具体编码技能，如 Java、C++、Python 等？
　　◆ 这些软件工程师应是初级的还是高级的，抑或是两者皆可？
　　◆ 有无特定教育背景要求？

内部需求

　　简单来说，所谓内部需求，即企业有效运营与实现组织目标所需员工的总数、技能、经验水平与教育程度等。人力资源需求既包括当前完成日常工作任务所需的员工，还包括当前未加入组织但未来工作所需的员工。了解内部需求是制定有效的战略人力资源规划的关键一步，它将有助于深入了解组织未来所需员工是否会增加或减少。可能有人会问，那么人力资源需求是怎样去了解未来企业所需的员工与相关专业技能的呢？答案就在于内部业务驱动因素（上一章节已提到）与组织人员之间的联系。当与公司的员工总数与技能需求相关时，这些驱动因素就会成为了解未来所需劳动力支持的依据，从而成为战略人力资源规划进程的一部分。

内部需求的定义包括两个方面。一方面，是了解现阶段的人力资源需求。某种程度上说，当前人力资源需求类似于当前劳动力供给。但是，两者也有差别，其主要区别在于，也许某一员工拥有一系列具体技能，但这些技能并不一定都是企业所需的。为什么？因为组织的战略在变化，为实施战略，技能与员工需求也在随之变化。上一阶段某些角色与技能是必备的，下一阶段可能就不再适用于组织了。由于这与了解当前人力资源需求息息相关，战略人力资源规划的执行者有必要盘查与反省当前劳动力状况，以明确目前哪些岗位与技能是必需的、哪些不是必需的。一旦这项工作完成，战略人力资源规划便可成为优化这些岗位与技能的媒介，从而制定出更具前景的人力资源战略，以更好地支持组织的企业战略。

另一方面，则是围绕企业战略的演进确定所需的技能、职位以及员工。想要深入了解未来组织战略所需的技能与角色，需要战略人力资源规划团队与相关业务主管建立起深厚的伙伴关系。更具体地说，战略人力资源规划的执行者需要去了解某些角色与技能内部需求随着时间的推移会产生哪些变化，这样他们便能识别出与未来需求相关联的业务驱动因素。这么做最终得出的预测，将有助于制定有效的战略人力资源规划。

外部需求

外部需求与内部需求相似，所谓外部需求，顾名思义，其更注重外部因素。在这一点上需要注意，外部需求并不局限于公司所在的竞争行业，相反，它是指所有行业的需求总和。

将外部人力资源需求纳入战略人力资源规划至关重要，准确评估这些技能与岗位的外部需求对于回答以下问题至关重要：

◆ 在外部劳动力市场中，组织对专业知识和岗位的需求是增加了、减少了还是保持不变？

◆ 对这些技能的需求是集中于某一特定领域，还是整个行业都感受到了需求的变化？

◆ 是否存在某些地方的需求会相对更高或普遍比较稳定？

◆ 外部劳动力市场对这些技能与岗位的需求是否有增加或减少的趋势？

◆ 技能与岗位需求的提高是否使得劳动力成本提升了？

◆ 是否有新的技术可能会对未来的需求产生影响？

◆ 某些特定学位的毕业率趋势能否成为人力资源需求变化的主要指标？

有了这些问题的答案，战略人力资源规划的执行者便能在战略人力资源规划过程中采取一些必要的措施，以缓解由外部市场潜在威胁所带来的风险。另外，这还有助于企业深入了解能够优化人力战略的机会，以帮助组织在与行业其他竞争对手发生人才冲突时处于更主动的位置。

人力资源需求的影响因素

了解人力资源需求的一大关键便是掌握有关人力资源需求影响因素方面的知识。要想深入了解这些因素，就需要思考人力资源需求是如何在以下四个方面受到影响的：

- ◆ 短期外部需求
- ◆ 长期外部需求
- ◆ 短期内部需求
- ◆ 长期内部需求

战略人力资源规划的执行者既需要从短期 / 长期的角度，也需要从内部 / 外部的角度，全方位地去思考可能影响人力资源需求的因素。

短期外部需求

之前已探讨过，外部需求是指行业领域中直接或间接竞争对手对技能和岗位的需求。所谓"短期"，是指 1~3 年这样一个时间区间。一般来说，短期可能会对人力资源需求造成影响的因素通常与相关人才市场中竞争者可能参与的主要投资方案有关。说清楚点，投资方案指的是企业为改善基础设施、提高市场份额、启动新项目或是扩展市场而进行的重大投资。之所以这些投资方案可能会对人力资源需求产生影响，是因为组织为完成项目通常会对所需技能和劳动力进行大量前期投资。一些投资的项目规模与范围可能非常大，以至于对技能和劳动力的前期需要也非常大，从而影响了就业市场的需求动力。因此，有必要对就业市场进行实时评估。

长期外部需求

相比短期外部需求着眼于近 3 年，长期外部需求的目光往往放在 3 年以上的时间。此外，与短期需求相比，长期影响人力资源需求的因素往往更体现在技术上。在考虑这种形式的人力资源需求时，考虑技术突破与这一需求之间的因果关系至关重要。因为当技术有了新的突破，就会导致新技术的需求大幅增加，与此同时，对于另一技术的需求便会同等程度地降低。想要找个例子的话，只需要看看过去 100 年以来的运输行业，了解技术进步是如何影响所需技能的。从马车到自动驾驶汽车，运输行业是一个很好的例子，说明检测新技术及了解技术变化对人力资源需求潜在影响的重要性。

短期内部需求

相比短期外部需求，短期内部需求的时间区间更窄，大概只有 18 个月。短期内部人力资源需求与公司在预算过程中为增加的员工所做的预算有关。和短期外部需求一样，短期内部需求也是与新的投资方案相关，它还包括了稳步增长所带来的需求。

短期内部需求的最大挑战在于辨别此需求是否真实，还是仅仅是人数填充。这会是一个反复出现的主题，在整本书中都将反复进行讨论。

长期内部需求

与人力资源需求的其他维度相比，长期内部需求的影响因素并不明显，这一点也不奇怪。原因很简单，组织对未来的展望越深远，存在的不确定性就越大。尽管未来并不确定，但这不能成为忽视未来需求可能影响因素的借口。这些因素往往反映了更广泛的宏观经济趋势。也就是说，经济健康往往是长期外部需求的一大重要指标。此外，当经济蓬勃发展时，组织往往对增长和扩张更积极，从而导致对劳动力和技能的需求也就更大。相反，当经济陷入萎缩和倒退时，企业往往会收紧开支，甚至会缩减员工规模，从而对劳动力和技能的需求也大幅减少。因此，需要持续不断地去监测关键经济指标，并与宏观经济环境的趋势保持一致。

作为贯穿本章的讨论点，未来的技术是人力资源需求的另一重大影响因素。这些技术可能现已存在，只是尚处于发展初期。战略人力资源规划的执行者应当了解最新行业趋势，并与其研发团队保持沟通，进而确保企业的先进性。

战略人力资源规划中需要考虑的因素

尽管本章已简要介绍了一些在确定人力资源需求时需要考虑的因素，但光这样还是不够的，只有把这些单独的个体组合到一起形成更广泛的战略，方能实现真正的增值。此处涉及几大关键因素：宏观经济因素、行业评估以及企业战略目标。

宏观经济因素

将宏观经济环境视为人力资源战略的影响因素，这一点至关重要。这是对可能影响未来人力资源需求的宏观经济因素进行集思广益。

行业评估

第二步便是评估组织所在的行业对当前与未来的技能和员工需求有何影响。通过利用先前已确定的宏观经济变量，可以检验行业趋势对组织人力资源需求的影响。也就是说，通过组织所在特定行业的视角来应用这些变量。通常来说，这将指向一系列需要回答的问题。示例如下：

- ◆ 组织所在的行业是呈增长趋势、下跌趋势还是保持稳定状态？
- ◆ 组织所在的行业散布于全球还是集中于某一特定地区？
- ◆ 组织所在的行业所贡献的 GDP 占 GDP 总量的多少？
- ◆ 组织所在的行业的 GDP 份额是在增长还是减少？
- ◆ 组织所在的行业属季度性还是周期性？
- ◆ 该行业平均生命周期如何？

企业战略目标

最后一步便是纳入企业战略，并使之成为可能影响未来内部需求的关键驱动因素。正如本章前面所探讨的，这将有助于深入了解主要业务驱动因素与对技能和员工需求这两者之间的关系。至关重要的是，这一步需要与组织的业务主管部门合作。这种跨职能的合作伙伴关系，将会带来更强有力且实用的度量指标。同时，这也能加强战略人力资源规划职能部门与企业其他部门之间的联系，并在全面落实战略人力资源规划时减少抵制。

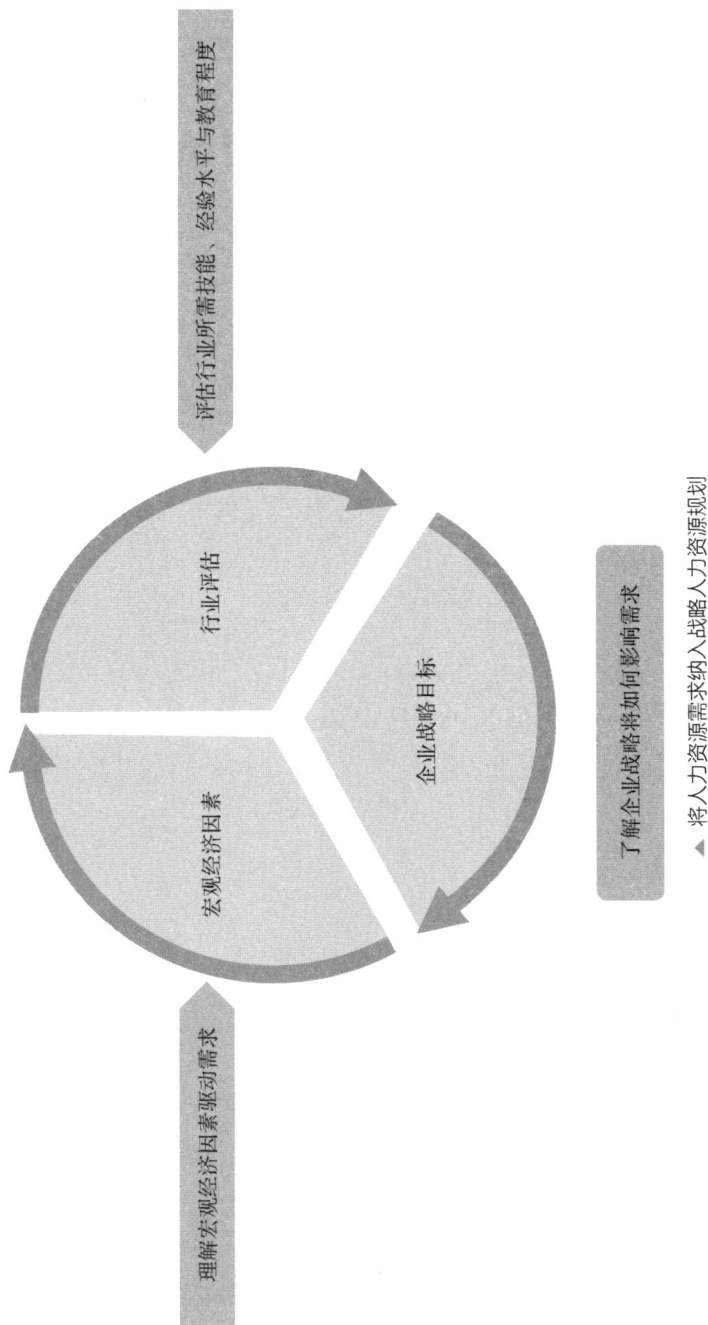

评估行业所需技能、经验水平与教育程度

行业评估

企业战略目标

宏观经济因素

理解宏观经济因素驱动需求

了解企业战略将如何影响需求

▲ 将人力资源需求纳入战略人力资源规划

制定好的人力资源需求战略

完成以上三步之后，战略人力资源规划的执行者应该有一份人力资源需求战略，既考虑了内外部因素，又考虑了公司的企业战略和风险缓解措施。对于需求规划的整体分析，比如本章所提的方法，将有助于确保组织不仅有意外事件的应急措施，而且有战略来利用竞争机会促进自身越级发展。

本章小结

- 人力资源需求有两大形式：内部需求与外部需求。内部需求指的是组织为达成其核心目标与战略对技能、经验水平及受教育程度产生的短期与长期需求。外部需求指的是同样的技能、经验水平及受教育程度，在全球范围或地区范围的短期与长期需求。

- 人力资源需求的影响因素有：1. 短期外部需求；2. 长期外部需求；3. 短期内部需求；4. 长期内部需求。

- 制定人力资源需求战略，一个明智的方法便是将人力资源需求规划的三大主要因素（宏观经济因素、行业评估及更广泛的企业战略目标）分解开来，逐一分析。

STRATEGIC WORKFORCE PLANNING

04

人才供给

Developing Optimized Talent
Strategies for Future Growth

人才供给

在前一章节，我们已经探讨了劳动力需求，对其组成要素进行了详细分析，并就其如何对组织的人力战略造成影响进行了概述。那么在本章，我们的重心将从对技能、经验水平与教育程度的需求转移至对这三方面的供给问题上。

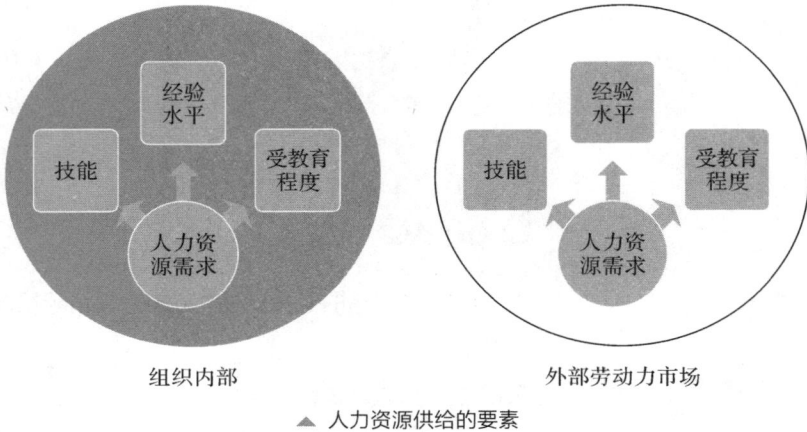

组织内部　　　　　　　　　　外部劳动力市场

▲ 人力资源供给的要素

人力资源供给（或者称之为人才供给）和人力资源需求很类似，但也有区别。它不像人力资源需求那样是写在纸面上的，而是指实际可获得的技能、经验水平和教育程度。我们可以把人才需求看成组织对人才的需求，人才供给则是实际可用的人才。和人才需求一样，人才供给也有两大组成部分——内部人才供给与外部人才供给。所谓内部人才供给，是指组织范围内现有或未来可能拥有的技能、经验水平与教育程度的组合；而外部人才供给则是指整个劳动力市场的情况。

内部人才供给

了解组织的人才供给对人力资源战略来说是至关重要的，是战略人力资源规划过程中的必要步骤。从最基本的角度来说，内部人才供给是组织内技能、经验水平与教育程度的分配问题，这构成了组织的劳动力水平。对于组织来说，了解其目前与未来的人才供给状况是很重要的，因为这能够帮助组织深入了解应该在哪方面投入人才。理解这一点将有助于组织领导回答以下问题：

◆ 组织中的重要角色应具备哪些技能？
◆ 以 1~10 为衡量标准，员工对这些技能的熟练程度如何？
◆ 为促进发展，是否应该在某些特定技术领域加大投资力度？
◆ 组织内现有的技能是否有用？
◆ 组织未来可能会需要哪些技能？与现有技能有何差别？
◆ 以现有员工的规模来看，会带来效率还是冗余？
◆ 组织的经验水平如何？
◆ 组织在拓展开发新产品线或者新市场时，对经验水平有无更高的要求？
◆ 不同地区的技能、经验水平与教育程度有何不同？

从以上问题可以很明显地看出，组织应该牢牢把握其内部的人才供给。那么，该如何洞悉当前与未来的人才水平呢？这里就显示出战略人力资源规划的重要性了。为了对组织的内部人才供给有一个全面的了解，战略人力资源规划团队需要完成四大主要任务：

1. 将组织的劳动力划分为关键与非关键两大块；
2. 整理一份综合技能与相关员工的清单；
3. 建立员工流失模型，进行员工流失预测；
4. 明确未来的技能需求。

人力资源分割

之后会专门有一章节就人力资源分割进行探讨，所以本节只是对这一概念进行简单的阐述。所谓人力资源分割，顾名思义，就是将人力资源划分为不同的类别。人力资源分割是在组织的需求以及优先事项的基础上进行的。作为了解组织人才供给的重要环节，人力资源分割基本上是将帕累托原则（又称二八定律）运用到组织的员工队伍上。这也就意味着，20% 的员工在驱动着剩余的 80% 员工。

在战略人力资源规划的过程中，劳动力分割是很重要的，因为从它开始，组织便能集中力量在重点规划上了。而对于企业的人才供给，它就显得更为重要了，因为在战略人力资源规划的过程中，很大一部分工作是明确组织中全体员工的技能与竞争力水平。一旦发现技能缺陷，确定关键的员工组成将能够帮助组织决定把用于培训和发展的预算具体花在哪里，能为组织提供一种确定优先次序的方法。

技能清单

组织需要一支高效的员工队伍来帮助其最大限度地提高生产力。当人力资源部门和企业领导者制定出好的人力资源政策，相关人员能够熟练掌握技能并胜任日常生产活动时，高效与优化便能得以实现。那么组织如何去深入了解其员工是否合格、是否具备相应的技能和经验呢？可以通过技能清单达到这一目的。

战略人力资源规划活动中需要大量人员进行跨职能合作，其中最重要的便是建立技能清单。由于技能清单的建立需要花费大量时间，使用部分关键人力资源作为小范围试点是很好的方法。建立技能清单的最终目标是以百分比来衡量组织员工对某样技能的精通程度，100% 表示已完全精通该技能并能胜任与之相关的工作。但需注意，某一岗位或角色可能需要几项甚至几十项技能。由此可见，在建立技能清单时需要先进行人力资源分割与跨职能合作。

那么从哪里开始呢？接下去的步骤就能为你提供一份可靠的路线图：

1. 明确技能清单包含哪些具体技能要求。
2. 确定一名主管、领导或小组长，要求精通项目范围内的工作技能。
3. 展开两项独立的调研：
   a. 第一项调研，针对部门主管，让他根据其团队成员的技能熟练程度对每位成员进行排名。
   b. 第二项调研，针对员工个体，让他们就先前确定的技能对自己进行能力评估。
4. 用最高熟练分（此处是 10）乘以参与分析的员工总人数。举个例子，如果某项技能（X）需 20 名团队成员掌握，那么团队满分则是 200 分。
5. 由主管或组长进行技能排名。
6. 把团队领导的排名汇总起来。例如，20 名员工 X 技能的排名为 7，那么总分将为 140。
7. 重复步骤 6，但这次用的是员工对自己的排名。
8. 汇总所有员工评估的得分。
9. 得出员工评估与领导评估的平均数。
10. 将平均得分除以最高水平得分，所得即技能熟练程度。例如，平均得分为 140，那么该项技能的熟练程度则为 140/200=70%。
11. 针对其他技能重复上述步骤。

整个流程运作下来还是很有挑战性的，但挑战有多大，回报就有多大。

如此一来，组织领导对于重要技能与工作的熟练程度就会有较深刻的了解了。整理技能清单能够让战略人力资源规划工作人员以及企业领导了解哪些技能需要投资，以推动企业员工整体的优化。

员工流失预测

进行减员预测是战略人力资源规划的另一关键环节。如果有员工离职，公司就不得不找人顶替，否则就会面临生产力流失。正因如此，"补位"（即对员工流失造成的空缺岗位进行填补）对于战略人力资源规划而言就显得尤为重要。

若想知道员工流失会对公司成什么样的影响，不妨试一下以下方法：力预估公司在未来 3~4 年的劳动力规模会是怎样的，然后用员工流失率得出这些年每年的员工人数。从每年的员工基数中减去员工流失人数，很快就能看出企业员工规模是如何因人员流失而不断缩小的。同时，这样做还能揭示招聘补位人员要在每年的招聘中占多大的比重。

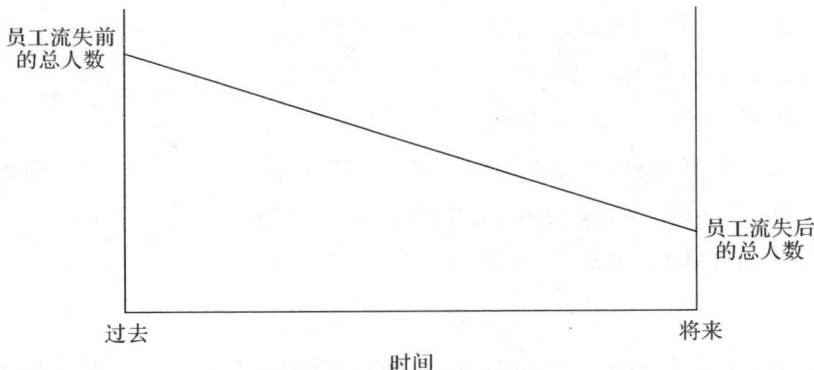

▲ 招聘补位前员工流失对组织人才供给的影响

在预测员工流失时，切记注意分辨不同类型的员工流失情况。预测结果的用途不同，预测方式也会千差万别。

第一，关键员工流失 vs 非关键员工流失。所谓关键员工流失，指的是员工的离职可能会对组织的生产力和其他左右绩效的因素产生较大的影响。而非关键员工流失则恰恰相反，不会产生太大影响，此种情况下流失的员工通常是因为表现不佳或者该员工所得薪酬与其给公司绩效带来的价值不符。

第二，员工流失总量 vs 员工流失预测。员工流失总量指的是整个公司或公司的某一部门流失的员工总数。比如说，过去一年总共有 100 名员工，其中 10% 离开了公司，那么总的员工流失率就是 10%，这就意味着公司可能得新招聘 10 名员工来替代离职的员工。员工流失预测，则是指从更细微的层面来预测员工的流失。做这样预测的目的是对那些可能会离开公司的员工做出统计，然后根据预测，制定出挽留策略来降低他们离职的可能性。预测员工流失会遇到的最大挑战就是，由于要深入收集信息，可能会导致员工认为其隐私受到了侵犯。所以，为了避免此种情况的发生，公司在与员工沟通为何以及如何进行员工流失预测时，要做到坦诚透明。换言之，公司应为员工流失制定出一个沟通策略，这将有助于提升员工参与度，改善工作环境与企业文化，这样一来，员工可能就打消了离职的念头。

员工流失预测与战略人力资源规划息息相关，它能够帮助公司领导与人力主管预知在某一特定时间段内，公司将有多大的员工流失。只有对此有所了解，他们才能知道需要招聘多少补位员工。这里有几种预测技巧，将有助于进行总体员工流失预测。

简单预测法

简单预测法是员工流失预测中最为基础、最为简单的一种预测法。在进行简单预测时，战略人力资源规划的执行者只需提取员工流失率，并直接将其运用即可。当员工流失相对来说较为稳定、变动不大时，这样的预测就够了。这种方法最大的优点便是员工流失模型的简单性与可解释性；而缺点则是预测完全依靠过去的数据，具有相对滞后性。

滑动平均法

滑动平均法比起简单预测法稍复杂些。滑动平均法利用了一系列旧数据取得平均值，并将其用于对未来的预测。当数据波动发生异常时，滑动平均法就可以起作用了。同时，其计算与模型都相对简单。当然，它也有缺陷，其缺陷在于可能对旧数据过度依赖。因为它和简单预测法一样，都适用于员工流失变动不大的情况。

时间序列回归法

时间序列是在一段时间内连续的一组数字，时间序列回归模型则是一种基于过去对未来事件进行建模的统计预测形式。当过去的事件是动态时，相对于简单预测法和滑动平均法，它更有效。本质上，它是最纯粹的趋势分析形式。时间序列回归几乎与线性回归相同，但在时间序列回归的情况下，预测变量能响应变量本身的时间周期，在我们探讨的问题中人员流失就是这样的变量。

指数平滑法

指数平滑法是一种统计方法，可应用于时间序列数据，目的是消除数据收集过程中存在的一些白噪声。在应用平滑法时，最近的观测值随着时间以指数递减的方式加权。这意味着，在时间序列中，最近的观测值比旧的观测值更重要。指数平滑是一种很好的方法，当不知道数据的变化是随机的还是白噪声时，可以与时间序列回归法结合使用。

小结

前面关于统计技术的讨论为这些统计方法如何使用提供了基本的定义。关于这些统计方法的更多技术应用不在本书的讨论范围之内，但对任何想要运用量化方法进行战略人力资源规划的实践者来说，深入探索这些技术都是十分有价值的。

未来技能评估

这一部分在之后章节将更详细地去探讨，但这项评估一半靠脑力，一半靠运气。评估并不需要很精确，而以下问题可能会对评估有所帮助：

◆ 公司或部门所在行业的技术趋势是什么？

◆ 科技进步会简化还是复杂化工作方式？

◆ 如果未来科技需要有新技能出现，那么会是哪些技能？

一旦列完了这样一份可能需要的未来技能列表，战略人力资源规划的执行者就需要协同公司领导与人力主管去估算清单上各个技能的需求概率。同时，还需要有一份时间表来指明这些技能分别在什么时候会被需要。通过对未来技能的评估，战略人力资源规划工作人员就可以设想出组织需要这些技能的概率，并着手搜索外部人才市场来储备掌握这些技能的人才。

外部人才供给

一旦完成了内部人才供给的各个环节，战略人力资源规划的执行者就需要给予外部人才供给同等的关注。所谓外部人才供给，指的是当前与未来存在于人才市场的技能、经验水平与教育程度的总和。要想有可靠的人力资源战略，就需要了解外部人才市场的整体趋势。为什么？因为如果组织仅仅假定那些必要的技能可以从外部市场获得而没有核实它们究竟是否存在，组织的战略目标可能就会陷入危机。在为某一技能或是岗位评估人才市场时，有三大因素需要考虑：

◆ 进入劳动力市场的新鲜血液（通常是高等院校或职业学校的应届毕业生）

◆ 由于退休或职业转变而离开劳动力市场的人

◆ 当前有固定工作的人

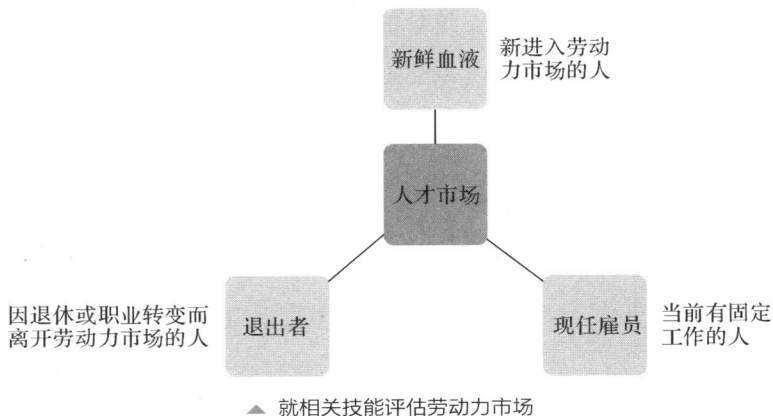

新进入劳动
力市场的人

新鲜血液

人才市场

因退休或职业转变而
离开劳动力市场的人

退出者

现任雇员

当前有固定
工作的人

▲ 就相关技能评估劳动力市场

新鲜血液

分析新进入劳动力市场的人的水平很重要，因为它可以表明对某一特定专业的兴趣是否存在增加或减少的趋势，这可能会影响未来的技能供给。举个例子，假设过去5年来，金融专业学位的录取率和毕业生比例每年都在下降，那么这一趋势对今后金融专业的人才供给会产生什么影响？那些主动跟踪和分析劳动力市场的公司，更能够找到其运转所需的人才。幸运的是，从数据层面来说，用于技能与劳动力市场跟踪的数据源十分丰富，这些数据源可能会因国家而异，但总体来说，行业统计或政府数据通常都能够作为探讨分析的一个出发点。

退出者

比起新进入劳动力市场的人，对退休与职业变动进行确认更为困难，往往要面临更大的挑战。某些政府的数据统计库确实会记载各类职业的退休率，但由于各类职业详略程度不同，统计的数据可能会有出入，而这也是一个对数据进行探索的很好的出发点。另一种方法就是从人口统计数据中找到更广泛的年龄统计数据，并将某些关于人口年龄的基本假设应用于你在研究的职业。举例来说，假设退休年龄是 65 岁，人口统计数据显示总共有 5% 的人口已到退休年龄，那么应用到某一具体职业之中，它的退休人员比例也应该在 5% 左右。不过这种方法并不一定靠谱，某些职业的年龄分布会向整个年龄区间的两段集中。比如，移动端软件工程师，其濒临退休年龄的员工数则远远低于传统行业。所以在做此类假设的时候，战略人力资源规划的执行者要结合自身的判断与经验，以确保假设的精确性和代表性。

现任雇员

最后，也是最重要的，在制定人力战略规划时，应当把外部各职业现存的技能、经验水平和教育程度的供给都考虑进去。一个重要的数据来源，是人口普查等相关政府数据。人口普查数据丰富，能够为当前的人才水平建立一个基准，但它也有和退休数据同样的局限性。而像领英这样的社交媒体网站也能很好地评估劳动力市场，尤其是结合政府数据一起评估的时候。领英很好用，能够根据城市、技能、教育水平等因素评估人才供给水平。但如果组织想要最大化地利用此类社交媒体网站，就需要花钱申请招聘许可证。这项付费服务还是很有价值的，有了许可证，就能够确定整个劳动力市场更精确的统计数据。

评估当前人才水平的最后一个方法，是利用行业报告。大多数行业都会有自己的行业报告，其中就有对劳动力供给与需求的动态分析。通常来说，组织若想获取这些报告是要付费的，但也有一些是免费的，通过谷歌就能快速搜索到。和本节提到的其他数据源一样，行业报告也会因行业与地区而异，所以并不能保证其准确性。

本章小结

- 人才供给与人才需求的主要区别就在于：人才供给指的是实际存在的人才，既包括现在，也包括未来；人才需求则是组织在当前和未来希望拥有的人才。

- 战略人力资源规划的执行者在评估内部人才供给时，应进行以下 4 项活动：1. 将组织的劳动力划分为关键与非关键两块；2. 罗列出综合技能与相关职员的清单；3. 建立员工流失模型，进行员工流失预测；4. 明确未来技能需求。

- 战略人力资源规划的执行者在评估外部人才市场时，需要了解以下 3 个方面：1. 进入劳动力市场的新鲜血液（通常是高等院校或职业学校的应届毕业生）；2. 由于退休或职业转变而离开劳动力市场的员工；3. 当前有固定工作的员工。

- 评估外部人才供给的 3 大主要数据源包括：1. 政府数据，如人口普查、就业趋势分析；2. 社交媒体网站，如领英、睑书；3. 与劳动力数据相关的一些行业报告。

STRATEGIC WORKFORCE PLANNING

05

劳动力细分

Developing Optimized Talent
Strategies for Future Growth

本 章 提 纲

1. 概述劳动力细分的概念及其对战略人力资源规划的重要性
2. 概述区分关键劳动力部门与常规劳动力部门的因素
3. 描述劳动力细分的其他变化
4. 描述劳动力细分在战略人力资源规划中的顺序

什么是劳动力细分

在战略人力资源管理规划中，劳动力细分的概念至关重要。理想状态是，组织中所有工作角色与技能都能同等程度地影响组织本身，并为其带来相应的价值。但现实是，在战略人力资源规划中这些工作角色与技能的作用并不是完全相等的。这是为什么呢？劳动力细分与战略人力资源规划之间存在何种关系呢？劳动力细分背后最基本的概念就是，在进行劳动力投资与发展时，需要有实际措施来确保那些推动组织价值创造的角色得到优先考虑。莱维尔指出，劳动力细分并不是为了区分业绩和个人贡献，而是为了区分它们于企业成功的重要性。一般来说，为了使战略人力资源规划得到优化，战略人力资源规划的执行者可能是所有利益相关者中第一个想要去了解哪些劳动力部门是推动价值创造的以及该怎么做才能使这些劳动力部门得到优先考虑。

19 世纪的意大利经济学家维尔弗雷多提出了名为帕累托法则的经济理论，用以描述当时意大利的财富分配状况。帕累托法则表明，在正态分布的情况下，80% 的产出来自 20% 的投入。放到战略人力资源规划中，帕累托法则对于思考生产力很有帮助，可以用这个理论来描述个体或总体的生产力水平。从个体水平来看，在员工为组织带来的价值中，大概有 80% 的价值来源于他们所完成的 20% 的任务。同样的，放到组织层面来说，组织每年、每季度、每月的收益中有 80% 的价值是由组织 20% 的劳动力创造的。

显然，帕累托法则是战略人力资源规划工作人员的强大工具，将帕累托法则应用于劳动力细分的概念会产生颠覆性影响。正如前文所述，每个劳动力所起的作用并不相同。在"劳动力部门"前加上"关键"一词，表明了劳动力部门的优先级并不都是一样的。如此一来，在进行规划与投资时就可以对这些劳动力部门划分优先级了。

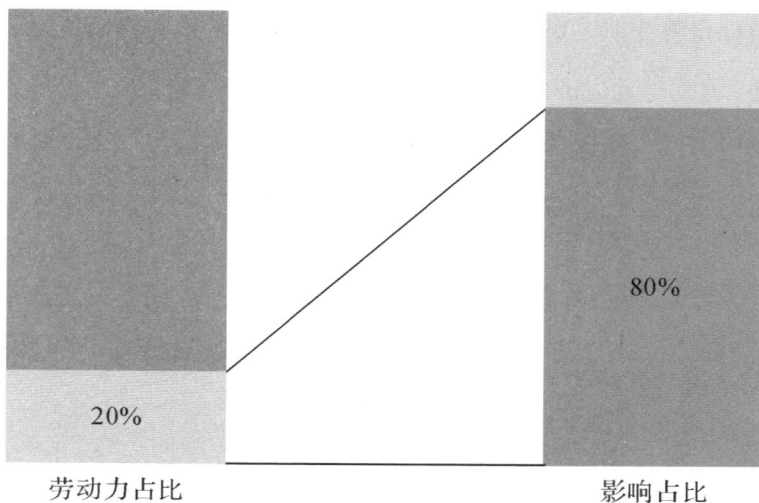

20%　　　　　　80%

劳动力占比　　　　　　　影响占比

▲ 在劳动力细分中使用帕累托法则

划分劳动力部门

　　为了充分地利用帕累托法则，战略人力资源规划的执行者必须先确定是什么组成了一个劳动力部门。和本书中许多其他主题一样，劳动力部门的定义标准会因组织而异，它会因行业、企业、地理位置的不同而有不同的形式。既然劳动力细分与战略人力资源规划有关，战略人力资源规划的执行者就有必要记住，劳动力细分的主要好处在于能够提供一种有效的方法，在风险缓解与劳动力投资上分出轻重缓急。而劳动力细分的第二大好处，就是能够通过不同的部门或者说不同的数据类别来分析劳动力。

劳动力细分的特征

　　虽说根据地点这样的分类标准来划分劳动力也是可以的，但请记住细分的最终目标是将劳动力划分为能够以小投入创造高价值的部门。为了企业组织的成功，在对劳动力进行细分时，战略人力资源的规划者应从哪里入手呢？关键的劳动力部门通常有三大特征，而这也许能够帮助工作人员对劳动力进行评估与划分。以下即为关键劳动力部门的三大特征：

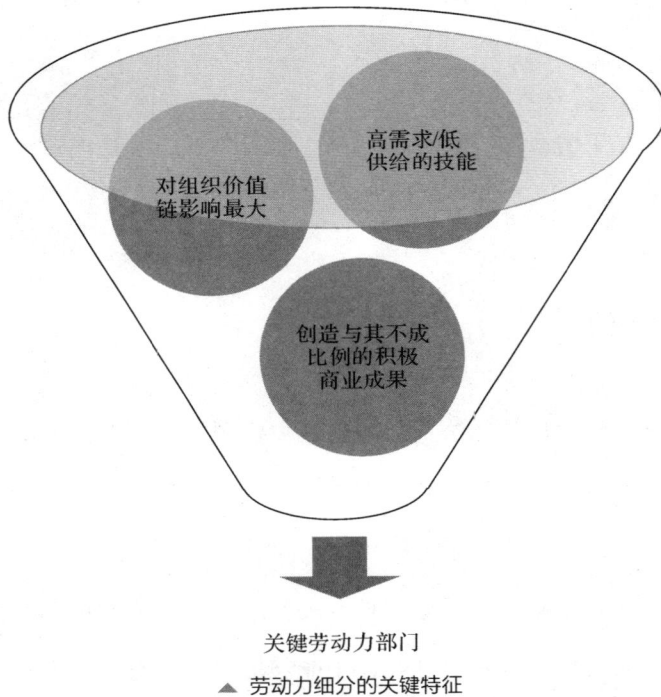

关键劳动力部门

▲ 劳动力细分的关键特征

劳动力细分步骤

当试图划分出关键劳动力部门时，首先要考虑的是外部市场的哪些技能是高需求或是短缺的。之所以首先对其进行考虑，是因为如果某一技能或某一岗位对于公司而言很有价值，那么它对于你的竞争对手来说也一定是有价值的。哪些岗位招聘或留住员工相对较困难，这一岗位可能就是至关重要的。石油和天然气行业就是这方面很好的一个例子，在该行业石油工程师通常处于高需求状态，可谓是供不应求。因此，石油工程师在石油行业中属于关键工作角色也就不奇怪了。

那么，具体而言，战略人力资源规划的执行者该如何运用这一方法来列出一份关于关键工作角色的清单呢？首先应该做的是去接触人才招聘团队，向他们提这样一个问题：哪些工作角色更难招聘？为什么？接着去查询一些指标，如招聘所需平均时间、人员流失率。是否存在某些工作岗位，其招聘周期远远长于其他岗位？这些工作岗位的人员流失率又如何，是不是相应也很高呢？又或者可不可以这样说，由于在外部市场中这些角色一直处于高需求状态，承担这些工作角色的员工是否拥有更多的机会？在和招聘人员交谈并对数据进行分析后，战略人力资源规划的执行者应该就能很好地识别并确认哪些工作角色属于关键劳动力部门了。

我们还可以通过组织的价值链来确定关键劳动力部门，但在进行这一步之前，需要对价值链的定义有一个了解。究竟什么是组织的价值链呢？"价值链"这一概念首先由迈克尔·波特在其著作《竞争优势》中提出，指的是一系列基本活动和辅助活动，当它们结合后，便形成了流程与子流程系统，既可能使组织的核心产品或服务增值，又可能使其贬值。在波特的原著中，价值链被用来描述产品端对端的生产制造过程，其中涉及以下基本活动：

◆ 内部后勤

◆ 生产作业

◆ 外部后勤

◆ 市场和销售

◆ 服务

还包括一系列辅助活动：

◆ 企业基础设施

◆ 人力资源管理

◆ 技术开发

◆ 采购

　　波特模型的基本概念是，组织可以通过优化每一条价值链的流程与决策来提高输入和产出。这种模式的最终输出，即企业经营利润的提升。

　　所以，价值链与关键劳动力部门的关系如何呢？价值链为战略人力资源规划执行者在确定必要工作角色上提供了一套可靠的方法，或者说是一个很好的起点。举个例子，一旦战略人力资源规划的执行者明确了价值链中的核心活动，他们就能够进一步将价值链中的特定领域分解成更小的部分，然后归入这些核心活动之中。我们用销售和市场营销来打个比方，现在我们需要针对这一活动进行劳动力细分。首先，应该提出问题：哪些工作角色最能够提高利润？答案是：销售人员可能是该活动中最重要的角色。之后，在组织价值链的其他主要活动与次要活动中继续这一流程，就能知道哪些劳动力部门很重要，哪些没有那么重要。

　　明确关键劳动力部门的最后一步，是根据组织所产生的有影响力的或者积极的业务成果对组织本身进行评估。这种方法是最为主观的，因为需要和企业领导建立起亲密的合作伙伴关系，方能定义出究竟是什么造就了有影响力的、积极的业务成果。值得注意的是，组织对业务成果的定义很有可能与价值链中的关键领域有密切关系。换言之，当你发现市场和销售在满足组织价值链的关键活动的同时，还能够产生最大的业务影响、取得最大的业务成果，不必为此感到惊讶。当然，这两者之间也是有不同的，不同之处就在于，价值链仅仅关注会使经营利润降低或增长的活动，而定义有影响力的业务成果所涉及的活动范围更广。

　　那么，战略人力资源规划的执行者应该尝试去明确哪些商业影响以及与之相关的工作角色呢？进行此项评估一个很好的策略就是对以下问题进行提问：如果全体员工同时提出请一周的假，哪些角色对组织产生的消极影响最大？更具体地说，哪些角色一旦缺失，就会破坏组织的正常运转，使组织无法完成短期日常任务？在这一评估中，答案可能会是项目经理、系统工程师、招聘专员，甚至是保管员，这些都是至关重要的工作角色。如果从这一评估中明确了某些角色似乎并不是那么重要，也请坦然接受，因为这本来就在意料之中。我们之所以进行此次活动，就是为了识别出所有关键角色，而不是直觉认为的重要角色。

劳动力细分的其他形式

　　根据角色重要性来对劳动力进行划分并不是唯一途径，组织还可以根据许多其他标准来进行细分，如内外部业务驱动因素、组织内不同的职能部门、经验水平及领导力等。

基于业务驱动因素的劳动力细分

此种情况下，战略人力资源规划的执行者会依据内部或是外部的业务驱动因素来帮助安排劳动力细分的优先顺序，并对其进行排序。可能这会和利用业务成果进行划分有些相似，但两者之间还是有所不同的。最主要的差别就是两者所使用的方法，后者仅仅是将帕累托法则应用于某些特定角色，而利用业务驱动因素进行劳动力细分则是将帕累托法则运用于所有会对业务成果产生影响的角色，而不论这些影响是通过内部因素还是外部因素产生的。举个例子，如果制造的飞机发动机数量是一个关键业务驱动因素，战略人力资源的规划者可能会问一个问题：参与发动机制造过程的角色（端到端）有哪些？如果是依据业务成果，那么战略人力资源的规划者就只会重点关注工程师。而如果是依据业务驱动因素，所有参与到发动机制造过程的角色都应被划分到一个劳动力部门。此种方法下的关键劳动力部门是通过比较不同的业务驱动因素得到的，换言之，就是通过业务驱动因素来评估哪些角色对于组织任务来说更为重要。

在以上的例子中，接下来，战略人力资源的规划者就能划分出与制造飞机引擎最密切相关的所有业务驱动部门，而不仅仅是某一单一驱动因素。然后，就可以透过组织的长期发展视角，对开发部门和制造部门进行评估。也许最终的答案是，在对部门进行优先级排序时，开发部门会优先于制造部门。

基于区域位置的劳动力细分

基于区域位置的劳动力细分是另一种细分方法。在依据区域位置对劳动力进行细分时，战略人力资源的规划者需要回过头去分析整个组织的劳动力状况，但只要对相应区域位置的劳动力进行具体分析就够了。就像其他细分方法一样，战略人力资源规划所追求的目标是根据业务影响力或增值情况来对劳动力分门别类，其特别之处在于，这种方法要求对公司运营所在地的劳动力进行细分。在进行评估与细分时，战略人力资源的规划者应就这一块的劳动力结构与日常运营活动提出一系列问题。在更广泛的组织任务与战略背景下，可能会提出以下问题：

◆ 该区域是否负责或支持某一特定活动？
◆ 该区域是成本中心还是利润中心，抑或是两者兼顾？
◆ 如果两者都是，那么各自占比如何？
◆ 该区域生产力如何？
◆ 当地劳动力市场的劳动力成本是多少？
◆ 当地生活成本如何？
◆ 该区域是自主运营还是依总部指示运作？
◆ 该区域的技能构成状况如何？
◆ 这些技能是技术型的、贸易型的还是专业型的？
◆ 当地劳动力市场的技能供给状况又如何？
◆ 是否与当地日常工作需求相一致？
◆ 该区域将存在多久？

在回答这些问题之前，战略人力资源的规划者与组织领导应当就组织不同区域该如何进行优先级排序达成一致的标准。组织的优先级不同、所处的生命周期不同，标准也就不同。以下所列标准能够在进行战略人力资源管理规划时对区域优先级的思考提供一个起点：

- 主要利润者优先
- 技术难度高者优先
- 生产力强者优先
- 致力于为未来组织战略提供生产或服务者优先

大类别劳动力划分

除了以上所提到的具体的劳动力细分方法，其实将劳动划分的范畴再大些也是可以的。在做此类分类时，战略人力资源的规划者一般要将劳动力分为两三个组。这样的劳动力划分方式虽然也有助于确定应该优先投资何种劳动力，但如果将它用于劳动力分析，作用就会愈发凸显。这一劳动力细分方法更适用于小规模组织，在小规模组织中将劳动力细分为十多个小类别显然是不切实际的。这种劳动力细分示例如下：

- 临时劳动力 vs 全职员工
- 时薪 vs 月薪
- 初级 vs 高级
- 主管 vs 个人贡献者
- 任期
- 业务单位
- 职能部门

◆ 业绩评估

◆ 员工年龄

当进行大类别劳动力划分时，角色的重要性并不是划分劳动力的唯一标准。组织还可以根据许多其他标准来进行细分，如内外部业务驱动因素、组织内部不同的职能部门、经验水平、领导力、兼职与全职员工。战略人力资源规划的执行者在决定用何种方法去细分劳动力之前，心里应该对他们将如何运用由此所得的数据有一个清晰的概念。为劳动力细分数据定义适用案例很重要，没有案例的话，组织可能会浪费大量宝贵时间与资源在一些无意义的活动上，形成不了任何有效的结果。这么看来，组织将如何使用劳动力细分的数据来做决策，是一个必须要问的问题。

优先级排序

在战略人力资源规划的执行者协同组织领导就劳动力细分做出决策之后，就轮到对各劳动力部门进行优先级排序了。虽说整个劳动力细分过程耗时不长，但为其确立优先级也是十分重要的。为什么呢？因为这将在很大程度上就组织对其劳动力做出资源配置与战略决策产生重大影响。

如何划分优先级主要是看组织在更广泛的战略人力资源规划中如何使用这些劳动力部门。如果这些部门都被平等对待，那么进行劳动力细分可能只是为了数据统计。如果是这种情况，那大可不必进行优先级区分。反之，如果进行劳动力细分是为了帮助组织在劳动力投资与挽留策略上做出更好的决策，那么划分优先级还是很有必要的。

在进行优先级划分时，为了最终确定组织需要用劳动力细分数据做出哪些决策，首先还是要和组织领导围绕各劳动力部门将如何被运用到最终的战略人力资源规划之中进行探讨。经过这些讨论，战略人力资源规划的执行者应该能够回答以下问题：

◆ 如果有 100 美元可用于提高劳动力效率，我们应该把钱花在哪儿？

◆ 如果有 100 美元可用于留住人才，我们应该把钱花在哪儿？

◆ 如果有 100 美元可用于吸引高端人才，我们应该把钱花在哪儿？

◆ 如果有 100 美元可用于以上三个战略，这笔钱该如何分配？

回答这些问题之前，战略人力资源规划的执行者应该再一次与组织领导、人力资源主管协同合作，以明确与劳动力相关的最关键的挑战是什么。在对此进行探讨时，有以下问题需要思考：

◆ 组织是否存在人员流失的问题？

◆ 生产力的持续提升对于组织的净收益会有何影响？

◆ 吸引高端人才是否有难度？

◆ 在未来吸引高端人才的重要性是否还会提高？

回答了这些问题会产生两大结果。第一，会对劳动力细分数据该产生一个优先级还是多个优先级这一问题有更好的理解，并对此达成一致意见。第二，明确了劳动力部门，就会产生一份清单，从而列出这些部门的优先级顺序。一旦完成了以上任务，战略人力资源的规划者就会把这些劳动力部门纳入最终的战略人力资源管理规划之中。但需注意，对劳动力的细分以及划分出来的劳动力部门的优先级都是会随时间而变化的，这也是为什么说一个好的战略人力资源管理规划是一个动态的不断发展的过程。所以，战略人力资源规划应定期进行回顾调整，并与组织所在环境的变化保持步调一致。

本章小结

- 劳动力细分指的是战略人力资源规划的执行者依据组织特定需求将劳动力划分为不同的劳动力部门。

- 关键劳动力部门区别于普通劳动力部门主要有三方面：1. 与普通劳动力部门的技能相比，关键劳动力部门的技能往往是高需求、供不应求的；2. 关键劳动力部门往往会对组织的价值链产生与其规模不相符的巨大影响；3. 关键劳动力部门所带来的积极业务成果也是与其规模不成比例的。

- 在基于业务驱动因素进行劳动力细分时，应依据内部或外部的业务驱动因素来帮助安排劳动力细分的优先顺序，对其进行排序。

- 在基于区域位置因素进行劳动力细分时，应对公司运营所在地的劳动力进行细分。

- 大类别劳动力划分更适用于小规模组织。

- 在进行劳动力优先级划分时，首先应和组织的领导围绕各劳动力部门将如何被运用到最终的战略人力资源规划之中进行探讨，并协同合作以明确与劳动力相关的最关键的挑战是什么。

STRATEGIC WORKFORCE PLANNING

06

劳动力总成本

Developing Optimized Talent
Strategies for Future Growth

基于成本的战略人力资源规划

本章将讨论劳动力成本在战略人力资源规划中扮演的角色。为什么要在战略人力资源规划中谈论劳动力相关的成本核算呢？为了更好地论述，首先让我们探讨一下大多数企业家当初创立公司的根本目的是什么。毋庸置疑，当然是赚取利润、增加股东的财富。将创业的目的只是归为赚钱，这一说法未免太过简单、太过资本化，但如果用它来强调成本核算之于战略人力资源规划的重要性却是十分有用的。下文将对此展开详细论述。

如果说企业的主要目的是为企业家（股东）创造财富，那么也可以说企业战略的制定是为企业家提升价值。如果这就是驱动企业战略制定的因素，那企业该如何制定这些战略的呢？增加股东财富的战略方法很多，但从根本上来说，也是站在资产负债表的角度来看，主要有以下四大策略是企业可以用来提升价值的：

- 增加收入
- 管理企业资产
- 管理投资者预期
- 控制营业毛利

提升股东价值的第一个策略就是确保组织拥有完整的系统与运营模式，以使组织的收入稳步增长。收入的持续增长对于提升股东价值很重要，这也是为什么商业文章与电视报道中总是有这样的说法——"追求下一个转角的利润"。

提升股东价值的第二个策略是有效管理企业资产。这意味着组织应该确保所投资的资产能够带来更大的收入。从理论上讲，这一收入持续增长的过程也会提升公司的价值，这也是为什么股票市场如此重视资产的有效管理。

影响股东价值的另一因素是投资者对企业绩效的期望。当外部投资者对公司的未来持乐观积极的态度时，公司可能会吸引更多的投资者。随着公司的投资者越来越多（假设公司股份是公开交易的），企业的股票价格也会一路上涨。反过来说，如果投资者对公司未来所持态度是消极的，那么公司可能就会失去投资者，股票价格也会随之下跌。那么如何才能确保企业能够满足投资者的预期呢？最有效的方法之一就是公司清楚地向外界表明其将为收入增长、成本控制与资产的有效利用做些什么。如果成功做到了这一点，既会让现有的投资者满意，也会吸引更多潜在的投资者，从而提升公司股东的价值。

影响股东价值的最后一个因素与企业的营业毛利有关。管理毛利时，企业会试图去控制成本。由于这和劳动力成本及战略人力资源规划有关，这也就成了战略人力资源规划的执行者最需要考虑的一个因素。为什么相比其他因素，这一因素与战略人力资源规划的关系更为紧密呢？因为它与组织成本的关系最为密切。说得更透彻些，它囊括了企业的销售、总务与管理支出，这些正是大多数组织劳动力相关成本中的大部分。战略人力资源规划的执行者在思考是否要将劳动力总成本放到战略人力资源规划中时，总务与管理支出就是一个重要起点。

回过头来看我们一开始所讨论的，如果企业的主要目的在于提升股东价值，而控制劳动力成本是组织可以用来确保股东价值的措施之一，那么战略人力资源规划的执行者将成本纳入最终的战略人力资源规划中也合情合理。

一家公司管理成本的能力与其利润率、业绩通常有着紧密的联系。话虽如此，那该如何在更广泛的战略人力资源规划的背景下去考虑支出与成本呢？与劳动力相关的成本应被视为组织优化劳动力的必要条件。这也就意味着，在战略人力资源规划最终落实时，成本预算应考虑到所有可能的情况，如员工人数的增加或减少、选址规划、培训及其他相关劳动力项目。为所有这些因素分配成本能够为战略人力资源规划的执行者评估劳动力总成本提供一个基准。

直观来说，如果一份战略人力资源规划在试图降低劳动力总成本的同时

劳动力总成本

＝

工作场所与选址

＋

培训与发展

＋

劳动力的机动性

＋

福利与补贴

▲ 建立劳动力总成本指标

还能提高劳动力的效率与生产力，那它对于企业的良好运行就很有帮助了。当与劳动力相关的成本付出大于所收获的效率与生产力时，这就表明当下的人力战略并不是最佳选择。反过来，当成本相对生产力、绩效下降时，这说明组织的战略人力资源规划执行得不错。将成本纳入战略人力资源规划的一大好处就是使得战略人力资源规划的执行者能够协同企业领导与人力资源部门主管为不同的成本效益结构建立模型，以更好地做出与劳动力相关的决策。在不同假定情境中将成本视为限制因素，战略人力资源规划的执行者应回答以下问题：

◆ 如果将 10% 的培训与开发费用从劳动力部门 A 转移到劳动力部门 B，会对生产力造成什么影响？

◆ 如果企业将育儿假延长 1 倍，从成本和吸纳人才的角度看会有什么影响？

◆ 如果企业将未来 2 年员工人数增长目标降低 5 %，会对成本与生产力造成什么影响？

◆ 如果企业将未来 2 年员工人数增长目标提高 5 %，会对成本与生产力造成什么影响？

◆ 如果企业中止其全球轮训项目，会对成本以及领导力培养造成什么影响？

◆ 如果企业提供免费饭食给员工，会对成本、员工敬业度以及生产力造成什么影响？

通过以上问题以及一些未包括在内的问题，很显然，在做出劳动力相关的决策时，应该同时分析成本与新政策／项目所带来的可感知价值或益处。如此一来，组织与战略人力资源规划的执行者就能深入探究其所做出的劳动力决策是否是最优的了。

劳动力成本的类别

如果战略人力资源规划的执行者将劳动力成本纳入战略人力资源规划并想要充分利用其所带来的好处的话，必须对劳动力成本的种类有所了解。组织所能纳入劳动力规划的成本费用范围很广，主要可分为以下五类：固定成本、可变成本、有形成本、无形成本和机会成本。需注意，不同类型的成本是呈交叉关系的，并不是相互独立存在的。有形成本也可能是固定成本或可变成本。尽管如此，先不去考虑其交叉关系，在这里还是想通过描述让读者了解这些成本分别是什么。

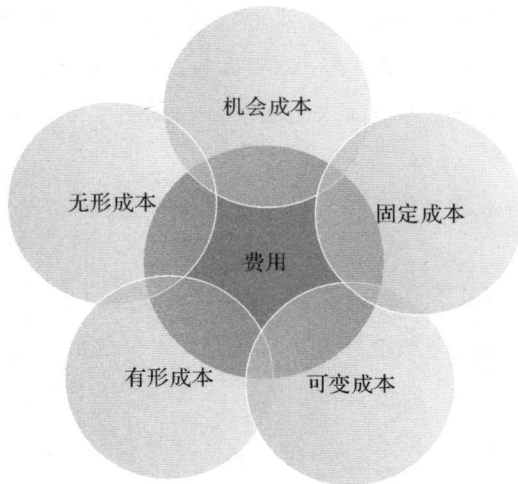

▲ 战略人力资源规划需要考虑的各项成本

固定成本

所谓固定成本，是指在一定时间间隔内的固定支出，一般不会出现较大变动，如公司给员工支付的薪水就是一项固定成本，公司需要每半个月或一个月就向员工支付一定的报酬。关于固定成本需要了解的很重要的一点就是，它并不会受业务增减变动的影响，也不会受它自己所带来的结果的影响。换句话说，不论员工业绩如何，对公司所做贡献如何，公司都要向员工支付一定数量的报酬。强调一点，这个例子只适用于领月薪的员工。至于那些拿佣金或时薪的员工则另当别论，我们之后会进行讨论。

可变成本

和固定成本相反，可变成本会随业务中某些情况的变动而变化。在上一个例子中，雇员每月都会收到固定的一笔月薪，不论他生产状况如何都不会改变其月薪。而对于领取时薪和佣金的员工来说，这一规则是无效的，他们能收到多少钱是由他们的工作时长和所达到的销售水准决定的。这里工作人员需要考虑的一个关键点是，可变成本与业务成果直接相关。换言之，如果组织中的销售人员达成了一笔交易，组织就需要向该员工支付酬劳，这笔销售金额就会直接影响组织的收入。同理，假设工厂的小时工每天工作 8 小时能够生产出 8 个小部件，那么如果该员工一天工作了 9 小时，就能多生产 1 个小部件，也就是 9 个，这也就意味着他们的生产力取决于一天的工作时长。从以上例子我们可以明显看出，由于生产力与员工工作条件的差异，成本很可能会发生变动。

有形成本

战略人力资源规划的执行者还应熟悉另外一种成本的分类：有形成本与无形成本。公司支付的任何实际费用都可以归为有形成本，这些都是需要进行核算并在财务报表中体现出来的。固定成本与可变成本都是有形成本，因为两者都是公司真实承担的成本。工资单、人力资源信息系统软件、咨询支持以及软件与专利的研发，这些都属于有形成本，与公司的管理费用都有着紧密的联系。

无形成本

理解有形成本的概念相对较为简单直接。对比之下，对无形成本和机会成本的介绍就显得不是那么好理解了。有形成本是真实的、能够很容易在财务报表中体现，而无形成本相对而言就不是那么好解释了。无形成本不一定可以量化，这些成本通常与生产力和机会成本有关。举个例子，一支不敬业的员工队伍所产生的成本即无形成本。假设某公司的员工缺乏投入感，不太敬业，反过来就会拉低生产力。由于员工不敬业所造成的生产力的损失就是无形成本。很显然，这样的成本很难从财务角度去量化，基本不可能知道生产力的损失给公司增加的成本是多少。不过，即便难以量化，公司仍需对这一项成本进行核算或至少在战略人力资源规划中承认它的存在，这一点还是毋庸置疑的。

那么无形劳动力成本有哪些例子呢？以下所列可能会对战略人力资源规划的工作人员在识别无形成本或机会成本上有所帮助。

◆ 员工流失成本（知识流失）
◆ 新员工培训成本（员工在学习新工作技能时会带来生产力的减少）
◆ 员工敬业度低所带来的成本（不敬业的员工往往生产力也很低）

◆ 休假成本（休假也会使生产力降低）
◆ 组织设计不足带来的成本（重复工作或者任务有偏差也会使生产力下降）

机会成本

机会成本是无形成本的一种。所谓机会成本，是指企业为追求某一机会而放弃另一机会。举个例子，假设公司有机会从 A 项目与 B 项目之间择一进行投资。如果公司选择投资培训项目 A，那它就得不到项目 B 可能会带给它的收益与生产力。失去这些会带来收益的好机会，我们就称之为机会成本。

对有形成本与无形成本（包括其中的机会成本）进行核算是十分重要的，如果战略人力资源规划的执行者只考虑有形成本，就无法确定劳动力的真正成本。如果没有在最终落实的战略人力资源规划中真正明确劳动力总成本，组织很有可能就会由于信息不足导致在做与劳动力相关的决策时产生失误。直观来看，这将使得组织未来的绩效达不到最佳效果。

人力资源项目成本

一旦对各类劳动力成本有了透彻的了解，战略人力资源规划的执行者就需要将其注意力转移至更具体的人力资源项目成本上来，这往往是有形成本。那么，战略人力资源规划的执行者有哪些方法来了解在人力资源项目上的支出呢？评估这些成本一个行之有效的方法是，先列出一份清单，清单上罗列出属于人力资源部门的项目。一般来说，人力资源部门包括以下项目：

◆ 人才招聘

◆ 人才流动

◆ 福利与补贴

◆ 学习与发展

◆ 人事工作

◆ 员工关系

◆ 员工培训

◆ 人才管理

　　——领导力培养

　　——继任计划

　　——绩效管理

◆ 人才分析与战略人力资源规划

　　手中有了这样一份清单，战略人力资源规划的执行者应当逐一与这些项目的有关负责人进行交涉，以便对这些项目的预期成本有一个更好的掌控。也可以询问负责人可能会对项目产生影响的无形成本，这些谈话能够为战略人力资源规划的执行者提供一个很好的起点，帮助他们更好地了解公司可能会在哪些人力资源项目上花钱，耗费的是有形成本还是无形成本。

　　一旦战略人力资源规划的执行者与相关项目负责人进行交涉之后，他们就会对这些项目的费用分配有一个更详细的了解。另外工作人员需要记住的很重要的一点就是，不要把注意力放在代表某一项目成本的数字上，而是要把成本细分到每一位员工的身上。所以，假设可用于培训与开发的预算是 500 万美元，总共有 2000 名员工需要接受培训，此时战略人力资源规划的执行者就需要迅速意识到公司在每位员工身上投入的培训成本是2500美元。当公司未来考虑员工增加或减少时，这一细分到每一位员工身上的数据就有价值了。如果现在公司有2000名员工接受培训，每人每年大概需要花2500美元，那当公司未来员工人数增加到3000名时，培训的预算规模会发生什么变化？既然已经知道了每位员工的培训成本，那么他需要做的就只是将单位培训成本乘上预计的员工数。计算结果显示，培训总成本将升至750万美元，这意味着预算将大幅增长。

以上这个例子说明了为什么战略人力资源规划的执行者在做战略人力资源规划的时候必须要把成本考虑进去。想一想，如果所有的人力资源项目都考虑进了成本，那么会带来什么样的影响？显然，1000员工的增长会导致有形成本大幅提高。

将成本纳入战略人力资源规划

战略人力资源规划中很重要的一点就是核算成本，它在某种程度上约束了战略人力资源规划的执行者，使得他们在做决定时不会轻易越过这一界限。如果没有这一界限，战略人力资源规划就会受到很大的限制，难以发挥其最大作用。为什么呢？这是因为通常来说战略人力资源规划的主要目的在于提高人力资源的生产力，如果这一规划没有成本限制，那么最终出来的结果可能就是雇用过多的员工。很显然，如若公司为了使其生产力最大化而过于高估其应该雇用的员工数的话，由雇用所带来的支出将会超过因此给公司带来的收入，这不是战略人力资源规划所追求的结果。

将成本纳入战略人力资源规划反而能够帮助战略人力资源规划的执行者去设立第二目标，即保证劳动力既有生产力也有高效性。换言之，在工作人员对劳动力当前与未来状况进行评估并设定优化劳动力的战略时，应该将这两方面都牢记于心。战略人力资源规划的执行者在进行规划时可以采取哪些策略来最大化生产力和效率呢？一个强有力的方法就是做假定推测和成本效益分析来权衡不同的人力资源相关战略。而要想做出不同情境下的假定推测和精确分析，就要视对具体劳动力相关成本的了解而定。

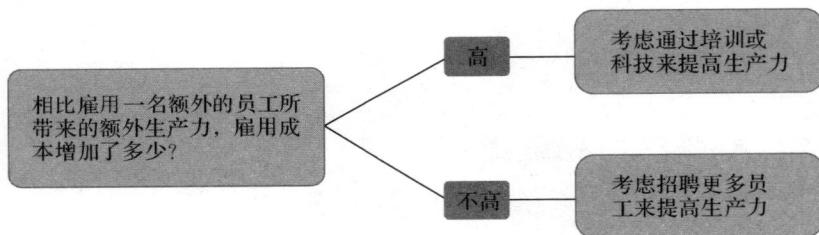

▲ 一个简单的人力资源决策成本效益分析实例

关于劳动力成本，本章已经做过讨论。有了劳动力相关成本之后，战略人力资源规划的执行者就能够回答以下问题了：

◆ 相比雇用一名额外的员工所带来的额外生产力，雇用成本增加了多少？
◆ 雇用新员工所带来的生产力与成本增长幅度是一样的吗？还是其中一者增幅会更大？

◆ 为了确保生产力的增长比雇用成本的增长更快，组织可以做些什么？

◆ 雇用一名经验较少、效率不高但成本较低的员工，与雇用一名经验丰富、高效但成本更高的员工，两者之间如何进行权衡？

以上这些问题只是战略人力资源规划的执行者可能需要借助劳动力总成本去回答的问题的一小部分，但这也足以证明核算成本的重要性了。

本章小结

- 战略人力资源规划中很重要的一点就是核算成本，它在某种程度上约束了战略人力资源规划的执行者，使得他们在做决定时不会轻易越过这一界限。

- 固定成本是指在一定时间内的固定支出，它并不会受业务增减变动的影响，也不会受经营结果的影响。而可变成本则会随业务中某些情况的变动而变动。

- 公司支付的所有实际费用都可以归为有形成本，它们需要进行核算，在财务报表中体现出来。而无形成本不一定可以量化，通常与生产力和机会成本有关。

- 机会成本就是为了某一决策而放弃另一决策所带来的成本。

STRATEGIC WORKFORCE PLANNING

07

基于技能的战略人力资源管理规划

Developing Optimized Talent
Strategies for Future Growth

1. 定义基于技能的战略人力资源规划
2. 为评估技能供给与需求建立一个框架
3. 概述创建组织技能清单的过程
4. 为评估未来技能需求建立一个框架

基于技能的战略人力资源管理规划

战略人力资源规划是企业战略的精华，它能够帮助企业领导就如何构建未来员工队伍、最大化企业绩效等相关问题进行深入探究并得出答案。它能够回答以下这些问题：

◆ 企业的办公室与基础设施如何安置？

◆ 劳动力规模应该多大？

◆ 非正式员工与正式员工之间是否存在最佳组合模式？

◆ 公司通过研发来提高生产力大概需要投入多少资金？

　　要想回答以上问题，就要了解未来的员工需求是多少。然而，所需员工数并不是战略人力资源规划的执行者在劳动力上需要关注的唯一要点。事实上，就算了解了员工人数的需求，从战略人力资源规划的角度讲可能只是完成了一半，另一半则是要理解技能会对当前与未来劳动力需求所产生的影响。从这一方面讲，战略人力资源规划的执行者是在试图评估企业劳动力的总体技能水平。同时，他们也会试图去了解现有的劳动力中哪些技能短缺、哪些技能需要改进以及组织未来会需要哪些现在所没有的技能。

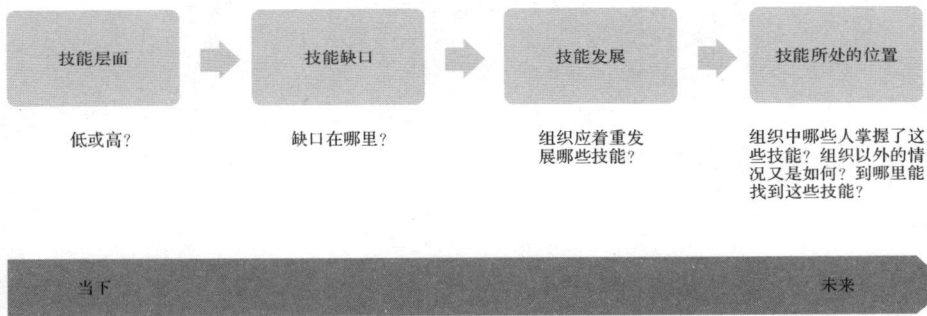

技能层面	技能缺口	技能发展	技能所处的位置
低或高？	缺口在哪里？	组织应着重发展哪些技能？	组织中哪些人掌握了这些技能？组织以外的情况又是如何？到哪里能找到这些技能？

当下　　　　　　　　　　　　　　　　　　　　　　　　　未来

▲ 基于技能的战略人力资源规划框架

　　基于技能的战略人力资源规划至关重要，只有员工熟练掌握了相关技能，完成与其工作相关的任务，才能提高组织的效率和生产力。假设有一家技术公司，该公司在很大程度上依赖软件工程师为公司编写代码。软件工程师需要一定的编程技能来开发和改进平台，这是公司业务模式的核心。现在，进一步假设该公司刚聘请了 3 位软件工程师，他们需要熟练掌握 Java、C ++ 和 Python，以构建和加强公司的软件平台。但是，假设这 3 名员工对这 3 种软件分别只有 33％的掌握程度，虽然你可以说这 3 名员工总的效率等同于 1 名 100％掌握这些技能的员工，但从成本的角度来看，该组织支付了 3 份薪水，但实际上只拥有了 1 名员工的效率。从这个例子中，很容易理解为什么组织要了解员工的技能水平，雇用和留住完全精通某些技能的员工对于公司的业务模式和战略发展都是很有帮助的。

基于技能的战略人力资源规划往往更适合那些成熟且成长较慢的企业，而处于高速成长模式下的企业则更适合通过扩大劳动力规模来加强公司的运营和业务模式。对于那些不再成长甚至开始走下坡路的企业而言，对战略人力资源规划的关注点应该放在从效率角度尽可能地利用现有员工队伍上，而不是单一扩大劳动力规模。对于这些组织，还需要确保被雇用的人员（通常是员工流失后的补位）与现有员工相比具有同等的技术熟练度，甚至技能水平更高，能够在当前效益的基础上促进企业发展。

基于技能的战略人力资源规划的最后一步，是要考虑组织在技术变革的环境之下将会需要哪些技能。要承认，这些未来技能可能存在于劳动力市场上，但以前从未成为组织的需求；又或者，它既不存在于公司内部，也不存在于外部市场。 在全然不知未来会发生什么的情况下，公司正试图规划或预测未来需要哪些技能，这可是一项艰巨的任务。尽管如此，这仍旧是公司应进行讨论的活动，以契合全面的战略人力资源规划。

评估技能供给与需求

本节将回顾与阐述某些用于评估技能供给与需求的战略，已在之前章节的人才供给中有过讨论了。为了能够使生产力最大化，公司需要一支高效率的员工队伍。当公司的劳动力能够熟练掌握技能并能执行日常必需生产活动时，方能称之为高效的、优化的。那么组织怎样才能深入洞悉员工的资质、技能水平与经验程度呢？这时候就需要进行技能评估了。

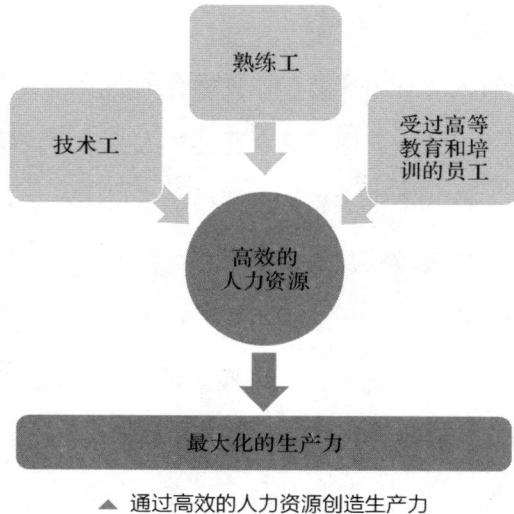

▲ 通过高效的人力资源创造生产力

　　进行技能评估的最终目标在于产生一份详细目录，使得组织能够纵观企业上下，评估员工对于关键技能的专业程度。关于技能评估，必须要认识到，组织中的每一份工作都拥有属于该工作的几项甚至几十项技能。那么，就很容易看出为什么需要在关键劳动力细分的基础上进行优先级排序。

　　另一点要提到的是，进行技能评估需要进行大量的跨职能部门合作。就像之前所提到的，由于这是一项颇耗时间的活动，从关键劳动力细分开始不失为一种不错的方法。那么，从哪里开始呢？可以先进行小规模试验，最好是和劳动力分割一起进行。按以下步骤路线图进行：

1. 明确技能清单包含哪些具体技能或工作内容。

2. 确定 1 名主管、领导或小组长，要求其精通项目范围内工作所需的技能。

3. 开展两项独立的调研：

    a. 第一项调研，针对部门主管，他将根据其团队成员相关技能的熟练程度对每位成员进行排名。

    b. 第二项调研，针对员工个体，让他们就先前确定的技能对自己进行能力评估。

4. 用最高熟练分（此处是 10）乘上参与分析的员工总人数。举个例子，如果某项技能（X）需 20 名团队成员掌握，那么团队最高水平的得分则是 200 分。

5. 由主管进行技能排名。

6. 把主管的所有排名汇总起来。例如，有 20 名员工 X 技能的排名为 7，那么总分将为 140。

7. 重复步骤 6，但这次用的是员工自己的排名。

8. 汇总所有员工评估的得分。

9. 得出员工评估与主管评估的分数的平均数。

10. 将平均得分除以最高水平得分，所得即技能熟练程度。例如，平均得分为 140，那么该项技能的熟练程度则为 140/200=70%。

11. 针对其他技能重复上述步骤。

一旦战略人力资源规划的工作人员完成了上述步骤，项目所包含的所有技能都应以员工对技能的熟练与专业程度为基础进行排序。了解员工的技能水平，对于企业领导来说是很有价值的。这样列出来的清单很大程度上将有助于领导就其员工的培养做出决策。同时，也能基于技能评估中认为有缺陷的部分，在领导做重大雇用决定时提供额外的数据参考。

整个流程还是很有挑战性的，但挑战有多大，回报就有多大。如此一来，组织领导对于重要技能与其熟练程度就会有深刻的了解，同时，它也将为整个组织建立技能清单奠定基础。这样的技能清单是很有价值的，因为能利用内部人员流动性进行职业发展，也能消除组织中可能存在的技术差距。

列出内部技能清单

什么是组织的技能清单？简单来说，它就是一个目录，囊括了一个组织（或组织中的一个部门或团队）拥有的全部技能，可用于完成与组织战略或业务模式相关的日常工作任务。将技能清单与技能评估的结果相结合能够为组织领导提供一份综合且全面的公司内部技能列表，包括员工对技能的专业度以及对应的团队或部门。同时，将技能评估结果纳入技能清单之中还将有助于企业领导去深入探究哪些团队或部门对于那些于组织使命至关重要的技能有更高或更低的水平。从开发训练的角度来看，可以利用技能水平更高的团队来培训那些技能水平相对较低的团队。了解团队的技能专业水平也能够带来向那些技能水平更高的团队学习的机会，以了解甚至复制导致团队间产生技能差异的因素、情况和环境。

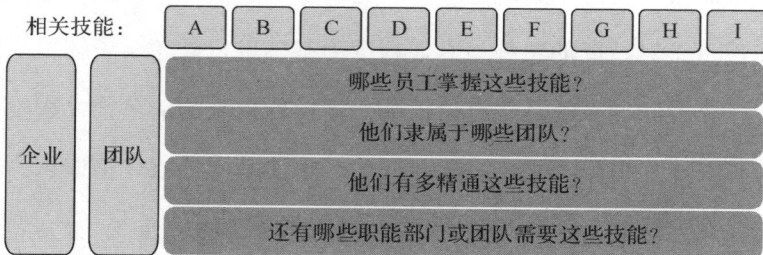

相关技能： A B C D E F G H I

企业　团队

哪些员工掌握这些技能？

他们隶属于哪些团队？

他们有多精通这些技能？

还有哪些职能部门或团队需要这些技能？

▲ 技能清单框架

最后，也许也是最为重要的，拥有整个企业的全部技能清单就有可能用组织其他部门拥有某些特定技能的员工来填补某些工作岗位或部门存在的技能空缺。否则在传统情况下，部门经理一般会选择从外面招聘员工来填补团队内出现的技能空缺。有了这样一份整个企业可见的技能清单后，经理就能够通过组织内部员工来填补这一技能空缺了。这样一来，不仅为现有员工提供了更多的职业机会，也降低了招聘成本，避免了招聘外来人员可能会与团队或企业文化不兼容的问题。

在技能清单发挥其作用之前，需要把所有的技能都囊括进来并进行记录，编为目录，这样一来，管理人员就能够清晰地看到并获取这些技能的相关信息。为了能够有效完成这一任务，需要进行跨职能部门的合作和规划。如果计划公布这一清单并提供给重要的利益相关者，可以先提出并回答以下问题：

◆ 组织中的哪些人或团队应持有该技能清单？
◆ 多久对技能清单进行回顾审查？
◆ 多久对技能清单进行更新？
◆ 技能清单会是战略人力资源规划的一部分吗？
◆ 技能清单是面向组织全体员工还是只面向关键劳动力部门？
◆ 用什么来对技能清单进行编排，是 Excel 还是要求公司的人力资源部门进行专门定制？
◆ 管理人员和企业领导如何获取技能清单？
◆ 技能清单可否被招聘主管用于招聘人才？
◆ 除了招聘主管，还有什么利益相关者能够获取技能清单？
◆ 是否应向员工提供技能清单，使得他们能够深入洞悉各自潜在的职业机会？

一旦以上问题得到解答，战略人力资源管理的执行者就应该着手为技能清单的推出与实施制定路线图，应包括以下内容：

◆ 明确项目实施的时间表
◆ 明确项目不同阶段所需的主要行动
◆ 明确项目范围定在整个企业还是以某一关键劳动力部门作为试点
◆ 明确各个岗位及其工作职责和相关问责制度
◆ 高层的支持
◆ 里程碑
◆ 成功的标准
◆ 清楚地概述流程及相关性
◆ 沟通和变革管理策略

评估未来的技能需求

我们已经在前面讨论过，基于技能的战略人力资源规划的一大挑战在于规划哪些技能组织现在没有，但未来可能会需要。这一点难就难在，为了适应外部环境，如日益激烈的竞争和不断发展的技术，企业必须不断发展，商业模式亦在不断改变。组织的商业模式一旦改变，战略目标就会随之改变，往往就会导致组织需要用于执行这些战略目标的技能也发生变化。这也就凸显了战略人力资源规划的执行者的重要性，他们需要明确组织为了应对商业模式的变化是否会产生对新技能的需求。从实际角度来说，可以把未来技能需求分解为短期、中期和长期需求。关于未来的技能需求，战略人力资源规划的执行者在评估过程中有两个不同层级的复杂性需要考虑。

从外部市场无法获取的技能

　　首先要考虑的技能是那些现在存在于外部市场，却还没有用到组织日常运营之中的技能。明确这些技能不仅需要掌握组织当下的商业模式，还需要了解塑造组织所在行业的那些外部力量。如果战略人力资源规划的执行者能够协同组织领导去了解这些因素，就能够明确公司未来所需技能的类型了。

根本不存在的技能

　　第二个需要考虑的是那些既没有在组织中运用，也不存在于外部市场的技能。通常来说，对这些技能的需求是长期的，用来应对那些可能会引起行业变革的新科技，像人工智能、机器学习和量子计算等都属于这类技能。

　　那么，战略人力资源的规划者该如何评估组织未来的技能需求呢？简单来说，答案就是要有一定程度的创新型思维和跨职能合作。在讨论人才供给时就曾说过，评估未来技能需求一半靠脑力，一半靠运气。尽管这项活动并不需要很精确，但战略人力资源规划的执行者也需要提出一系列的问题，以把运气之外的那部分做到最好。以下问题可能对讨论有促进作用：

　　◆ 公司或部门所在行业的技术趋势是什么？
　　◆ 科技进步会使工作方式简化还是复杂化？

◆　如果未来科技需要有新技能的出现，那会是哪些技能？

　　除了列完这样一份未来可能需要的技能列表，战略人力资源的执行者还需要分配每一技能的发生概率。同时，还需要有一份时间表来告诉我们这些技能分别在什么时候可能会被需要。通过对未来技能的评估，战略人力资源规划的执行者可以设想出组织需要这些技能的概率，并着手通过探索外部人才市场来获取这些技能。

本章小结

- 战略人力资源规划的执行者不仅要了解未来员工人数的需求，还要理解技能会对当前与未来劳动力需求产生什么影响。

- 进行技能评估的最终目标在于产生一份详细目录，使得组织能够纵观企业上下，评估员工对于业务模式所围绕的关键技能的专业程度。

- 将技能评估结果纳入技能清单之中有助于企业领导深入探究哪些团队或部门对于这些技能有更高或更低的水平，可以利用技能水平更高的团队来培训那些技能水平相对较低的团队。

- 在评估未来技能需求的过程中，首先要考虑的技能是那些现在存在于外部市场，却还没有被用到组织日常运营之中的技能；其次要考虑的是那些既没有在组织中运用，也不存在于外部市场的技能。

- 基于技能的战略人力资源规划往往更适合那些成熟且成长较慢的企业，而处于高速成长模式下的企业则更适合于通过扩大劳动力规模来加强公司的运营和业务模式。

- 对于那些不再成长甚至开始走下坡路的企业而言，对战略人力资源规划的关注点应该放在尽可能地提高现有员工队伍的效率上，而不是试图扩大劳动力规模。

STRATEGIC WORKFORCE PLANNING

08

战略人力资源管理规划之选址策略

Developing Optimized Talent
Strategies for Future Growth

战略人力资源规划与选址

为什么公司会选择某一特定的区域来建立办公室并确立市场地位？其中的原因是多种多样的。不论公司的战略是什么，能够吸引、留住、培养人才始终是一大关键因素，这决定了更广泛的企业战略的成功与否。战略人力资源规划可以并且应该帮助组织领导思考与该位置相关的人才和劳动力配置，使得它对公司的长期战略目标来说是有益的。更具体地说，战略人力资源规划能够通过提供各类因素的信息来帮助管理者做出选址决策。其中一些因素包括：

◆ 当地市场的人才供给与质量状况

◆ 正式员工与非正式员工的增长预测

◆ 竞争对手为提升员工体验在布局规划上的策略

◆ 当前与未来的人才情景分析

◆ 当地的生活质量水平与成本

毋庸置疑，当一家公司选择了一个新地点，进入了一个新市场，这都需要大量的考量，至少从商业角度来看是这样的。不幸的是，许多组织并没有对影响选址成败的细节进行详细考虑。在选址过程中加入战略人力资源规划可以确保组织对选址成败的影响进行战略性思考。

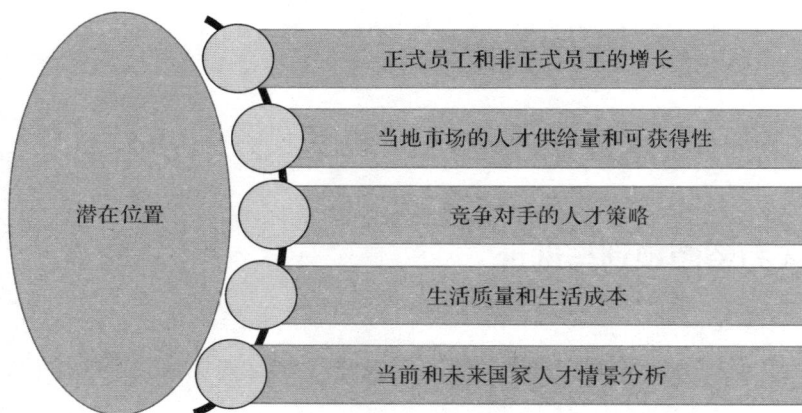

正式员工和非正式员工的增长

当地市场的人才供给量和可获得性

竞争对手的人才策略

生活质量和生活成本

当前和未来国家人才情景分析

潜在位置

▲ 战略人力资源规划提供的选址信息

用选址策略来吸引和留住人才

一般来说，当一个组织决定在一个新的地方建立办公室或者工厂时，其背后的原因通常与公司的长期战略有关。在这样的情况下，人才也应该是影响最终选址决议的一大关键因素。也就是说，商业方面的因素并不总是公司选择新的运营地点的主要原因。随着行业竞争的日益激烈，人才能够造成差异，这已经成了许多组织战略的基础性支柱。在此种情况之下，公司往往会根据地方吸引和留住顶尖人才的能力来选址。这些公司会把合适的选址作为建立雇主品牌的一大方法，去吸引那些原本对公司不感兴趣的人才。而战略人力资源的执行者则需要协同企业领导一起去思考基于选址的战略，以实现吸引和留住顶尖人才的目标。

有人可能会问，为什么这是战略人力资源规划执行者的职责呢，主要有三方面原因。首先，对新地点的决定是一个战略决定。其次，对新地点的选择通常是围绕优化或改进劳动力的某些方面展开的。最后，这项决定需要有内部和外部的市场数据和分析。从这三方面来看，没有哪一个人或团队比战略人力资源规划的执行者更适合这项任务了。

在考虑用新的选址策略来吸引和留住人才时，战略人力资源规划的执行者可能会问的第一个问题是，我应该从哪里开始？一个好的起点是站在人才的角度去理解与人口统计相关的数据。如果战略人力资源规划的执行者要评估一个地点相对于另一个地点的可行性，那么首先需要了解该组织试图在其新的选址战略中想要吸引和保留的人口结构的一些基本特征。这一初步问题会带来一系列更明晰的问题，这些问题将有助于为进行正式的选址可行性评估提供定向指导。接下来，我们来看看战略人力资源规划的执行者可以提出哪些基本问题：

◆ 从吸引和留住人才的角度看，哪些劳动力部门是组织的目标所在？
◆ 在该劳动力部门中，潜在的候选人和现任员工都拥有哪些技能？
◆ 这些技能在某些地区或国家集中程度是否更高？如果是，为什么？
◆ 目标劳动力部门拥有什么样的代际特征，比如，千禧一代、婴儿潮一代？

◆ 从教育角度看，上述劳动力部门是否有共同的特征？

就组织的选址战略而言，回答这些问题可以帮助找出目标劳动力部门认为最有吸引力的城市、地区或大概区域类型。例如，假设组织已确定由千禧一代组成的技术型劳动力部门是其劳动力选址战略的重点领域。战略人力资源规划的执行者就可以据此做一些基础研究，这些研究可能揭示出千禧一代迁移模式的最新趋势：千禧一代更倾向于向大城市迁移，更享受大城市的生活，如纽约、旧金山、伦敦、东京或新加坡。

上面的例子只是分析的开始。一旦上述问题的答案到位，战略人力资源规划的执行者就应该将工作重心转移到了解特定地点的内部因素上，这些因素将有助于深入探究该地区长期和短期的可持续潜力。在这里，重点将从可能吸引特定劳动力群体的生活方式和生活质量方面转为确保目标雇员和选址战略背后的商业决策能产生良好的效果。为了更清晰地表达，可以从以下问题考虑：

◆ 对新的选址的目标人才供给进行量化评估
◆ 市区和郊区人才供给的趋势如何，人才是流入还是流出该区域
◆ 当地的生活成本、房地产市场和其他宏观经济变量如何，会对选址战略产生积极的还是消极的影响

分析的最后一步，是对选址进行成本效益评估。在这部分的分析中，战略人力资源规划的执行者要后退一步，考虑新选址的成本如何。换句话说，如果已经确定了一个有助于吸引和留住顶级人才的地址，但该地的运营成本太高，以至于从成本角度看，它一定程度上抵消了吸引和留住顶级人才带来的好处，组织可能会想要寻找其他成本较低的地方来替代。

制定选址标准

由于各种不同的原因，全世界的公司都在不同的地方开展业务，而让这些公司能够选择某一特定地点背后的原因也大有不同。有些公司可能是为了打入新市场，而另一些公司则可能是为了缩减成本或是出于对当地人才资源的考虑。GameStop 便是美国小型零售行业一个很好的例子，在它所在的市场，已经有沃尔玛 (Walmart)、塔吉特 (Target) 和百思买 (BestBuy) 等规模较大的竞争对手了，这些零售巨头早已能够采用选址上的策略来保持其竞争力。然而，Gametop 采用了与众不同的策略来打入新市场，并与上述几大零售商展开了竞争。前三种策略包括产品定价、产品差异化和客户服务，而第四种策略采用的是选址策略，把目标定位在那些大公司成功可能性较小的地区。这一战略的确卓有成效，帮助公司保持了竞争力，同时也一步步削减了竞争对手的市场份额。

无论选址战略背后的驱动因素是什么，在对不同地方进行比较评估并制定出策略之前都要慎重考量。一种简单的方法就是制定出一系列标准，并依据这些标准来对各地进行排序。战略人力资源规划的执行者也应参与到标准的制定之中，就标准中有关劳动力的方面对选址战略的决策者提供帮助。组织不同，在做出战略选址决策时在劳动力上的重要性和优先级的标准也一定存在细微差别。除去这些细微差别，大多数组织在为选址策略制定劳动力标准时也有一些共同的问题需要考虑。

可用的人才

第一大需要考虑的劳动力因素就是，当地劳动力市场能否为公司提供适应其发展目标的人才支持。一个人才资源丰富的地方总是比一个只拥有有限优秀人才的地方更能够吸引公司，因为公司能够从中选出合格的、有质量的候选者。

生活质量

下一个需要考虑的因素是当地的生活质量。之所以对生活质量进行考虑，是因为战略人力资源规划的执行者就能够确定潜在的候选人员是否会搬到新的地方去。而且，如果他们已经住在当地了，那生活质量就决定了他们是否会留下。换句话说，是否存在本土因素正在削减或增加当地的吸引力？

生活成本

目标区域的当地生活成本也是在最后评估时需要考虑的一大标准。之所以在这方面进行考虑，是因为这样一来，公司便能知晓其当前的薪酬结构能否让它在新的地方运营。那么问题就来了，组织是否有充足的预算来支付员工足够的薪酬以在当地生活下去呢？网上有许多资源可用来比较不同城市和地方的生活成本。在使用这些资源时，要确保相关费用已经包括了住房费用、交通费用、娱乐费用等开支。

当地的地理位置

公司在考虑选址标准时，还应把选址的实际地理位置考虑进去，这样就可以根据地理位置来与其他地址进行比较了。在评估地理位置时，可能有以下问题需要考虑：

- 该地是相对封闭的还是靠近地铁区？
- 当地的航空交通情况如何？
- 是否存在时区这样的不利因素？
- 当地的气候如何？
- 相比其他地区，气候相对是好还是坏？

当地的基础设施

当地的基础设施也是选址时需要考虑的另一个因素，关于基础设施的问题有：

- 当地基础设施会对员工通勤时间有何影响？
- 如果当地交通状况不佳、过度拥挤，会影响该地对于潜在候选员工的吸引力吗？
- 当地公共交通状况如何？
- 在当地使用交通工具出行是更方便还是更耗时？
- 当地基础设施是在日益提高还是逐步退衰？
- 住房资源丰富吗？
- 当地犯罪率如何？
- 员工如果将来在这里生活与工作会有安全感吗？

移民

许多公司，尤其是大型国际公司，在国际人才方面需求很大，它们需要国际人才来帮助它们满足在技能上的需求。对于这样的公司来说，在考虑评估标准时，东道主国家的移民标准也是很关键的。这里，战略人力资源规划的执行者应该考虑以下问题：

◆ 国际员工获得工作签证的难易程度如何？

◆ 整个办理签证的程序需要多久？

◆ 在当地，国际员工会有被疏远还是受欢迎的感觉？

作为更广泛的选址过程的一部分，依照一系列劳动力相关的标准来开发和评估潜在的目标地址是至关重要的，这也是任何选址决策中都很重要的一点。要确保在最后决策做出时这些劳动力相关的因素都已被考虑进去，如此一来，才能使领导层进行有效的分析和评估。

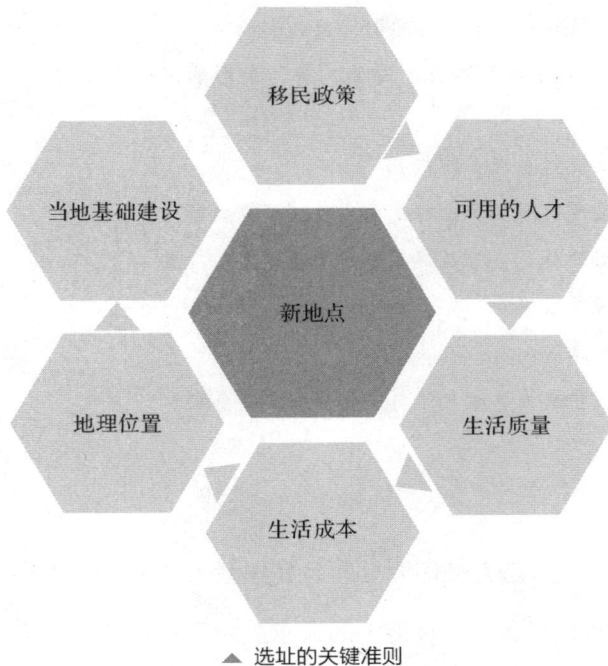

▲ 选址的关键准则

分析当前与未来的选址、场地需求

　　理解当前的劳动力状况随着公司的发展会在未来如何变化，这是战略人力资源规划中反复出现的议题。同理，将这放到公司的选址策略规划中亦是正确的。也就是说，战略人力资源规划的执行者应该帮助组织考虑到，随着时间的推移，当前的选址需求会发生什么样的变化。将这样的信息带到决策的讨论之中，将帮助领导深入洞悉正在评估的新地址的长期可持续性。分析当前与未来的选址策略需求时，组织应考虑三大关键因素：员工人数、企业战略和宏观经济变量。

员工的人口统计学特征

　　战略人力资源规划的执行者协同领导层在明确最终选址决策时，务必重视员工的人口统计学特征，它是选址战略中不可缺少的一个因素。战略人力资源规划的执行者应该思考这些统计学数据对选址成败的影响，其涉及以下问题：

- ◆ 当前劳动力存在面临退休的问题吗？
- ◆ 由退休人员带来的职位空缺会由特定某一代的员工来填补吗，如千禧一代？还是会将空位分布在多代员工上？
- ◆ 员工中是否存在千禧一代？如若存在，当这代员工、成家立业后，所选场址对他们是否还存在吸引力？
- ◆ 当前员工团队很国际化吗？
- ◆ 面对国内市场特定技能的缺乏，组织是否会选择吸纳国际人才？如果是，未来是否会保持这一趋势？关键技能将一直依靠国际上的供给，还是有一天国内市场能够供给该技能？

◆ 作为组织关键技能来源的人才库会发生变化吗？

◆ 会出现新的人才热点影响选址地点吗？

◆ 许多组织更注重于多样性战略，这会影响最终选定场址的吸引力吗？也就是说，选定场址是否位于一个拥有多样化人才库的市场？

企业战略

显而易见，战略人力资源规划的执行者需要考虑长期的企业战略会对选址策略和最终在该新选址工作的员工产生何种影响。在思考其可能会对选址策略产生的影响（从劳动力角度）时，需要关注的一个重点领域是，战略的演变发展对组织所需的技能和职位存在的潜在影响。如果影响很大导致未来所需技能与现有技能存在很大出入，未来就需要储备完全不同的劳动力团队，战略人力资源规划的执行者就需要把这一因素考虑进去，确保其有足够的灵活性来满足这些新的技能需求。要想处理这种情况，一种有用的方法就是分析每一处选址的人才库的全面性。分析中可能会碰到以下问题：

◆ 当地有多少所大学和高等教育机构？这些大学或高等教育机构有无具体的学术项目？

◆ 该地区是否某一类技能很热门？

◆ 该地区是否考虑发展某一主导产业，还是打算多产业共同发展？

◆ 在该地区经营的公司主要有哪些？他们是竞争对手吗？

◆ 该地区是呈发展趋势、正在吸引更多的人才，还是呈缩减趋势、人才正在大批外流？

除了思考企业战略会对技能的需求有何影响，战略人力资源规划的执行者还应对公司当前在生命周期中所处的阶段进行评估：

◆ 公司在员工人数上的需求是在增长、缩减还是稳定不变？

◆ 公司是否在测试新产品与新市场，以促进未来的发展？

◆ 公司在其服务与产品供应方面是在不断拓展还是保持现状？

评估企业战略对当地劳动力需求的影响，能够确保选址战略中劳动力方面与公司更广泛的目标保持一致。

宏观经济因素

评估的最后一步，是分析当地经济因素的变化可能会对选址成败产生何种影响。在这部分分析中，战略人力资源规划的执行者应去探索当地的经济趋势。除了找出当地市场的趋势，还要去了解这些趋势背后的潜在影响因素。最后，战略人力资源规划的执行者应该思考其所评估的经济趋势会对当地的劳动力有何影响。以下是一些需要分析的关键经济因素：

◆ 就业增长：就业机会是在增多、减少还是保持不变？把它与全国平均水平做比较又有何种结果？

◆ 迁移模式：这里的人们是在迁入还是迁出？导致此种迁移模式的原因是什么？

◆ 财政健康：当地财政状况是否健康？是否一直处于预算赤字？赤字是在扩大还是缩小？

◆ 住房：是否有新住房在建造？住房资源存在盈余或短缺吗？盈余或短缺是在更

严重还是有所减轻？之前提到的迁移模式又对住房盈余或短缺有何影响？

◆ 税收：和其他地区相比，税率如何？是增长了、下降了还是维持稳定？背后的原因又是什么？

战略人力资源规划的执行者若对以上的每一方面都进行了认真的分析，并能够回答出上述问题，就可以依据这些因素对员工和场址的潜在影响进行排序总结了。

新场址的空间规划

选到了一个合适的地点作为新场址，但整个选址战略并没有到此结束。一旦完整的选址可行性评估完成，战略人力资源规划的执行者就应该将重心转移至设施方案，全面优化办公场所的空间结构。近年来，为了提高生产力、协作力与创造力，越来越多的组织开始倾向于定制专属的、舒适度更高的工作空间。

对空间规划进行分析时，战略人力资源规划的执行者应当采取和选址过程中类似的方式来探究目标劳动力会如何应对不同的工作空间。站在劳动力角度上看，有三个方面需要考虑——员工对工作空间的期望、工作空间的效率和工作空间的技术支持。

员工对工作空间的期望

过去，工作空间能够给予员工的设计感、功能性和舒适性并不那么重要，远比不上拥有一份稳定的工作。然而，就像生活中几乎所有事物都会发生变化，时代在进步，员工对工作空间的期望也在发生变化。同样，现代工作空间也在一步步成熟。那么，近年来推动工作空间演进的因素是什么？过去几年，工作空间战略之所以开始流行，其中一大主要原因就是许多组织劳动力的内部结构有了很大的改变。现在每天都有一大批婴儿潮一代的员工退休，取而代之的是更年轻的员工，如千禧一代，他们与老一代员工相比对于日常工作空间的体验感往往期待更高。

战略人力资源规划的执行者应当向设计与施工的团队提供将来会在这里工作的员工的相关信息。如此一来，团队就能据此知晓该如何去设计该空间，以达到生产力、协作力与创造力最大化的效果。战略人力资源规划的执行者应该试着找出以下问题的答案：

◆ 未来劳动力的年龄分布状况如何？比如说，30岁以下员工占比能够达到50%~70%吗？

◆ 年龄分布会随时间发生怎样的变化？

◆ 哪一类型的工作会每天都有变化？

◆ 将来会在新场址工作的员工都来自哪里？是从当前员工中调任过去吗？还是来自竞争对手的公司？抑或是来自我们所选的新址当地？

上述问题又会如何影响员工对于工作空间的期待？如果新员工来自硅谷的某家科技公司，他们对于新的工作空间所持的期待可能完全不同于来自底特律汽车厂的员工。

工作空间的效率

一旦设计团队对于未来即将入驻的员工有了一个大致的了解，战略人力资源规划的执行者便能与其合作，从工作空间角度明确哪些因素会促进劳动力的生产力，使其更令人满意。这些因素主要包括生产力、协作力、舒适度和创造力，这些在制定工作空间战略时都要考虑到。

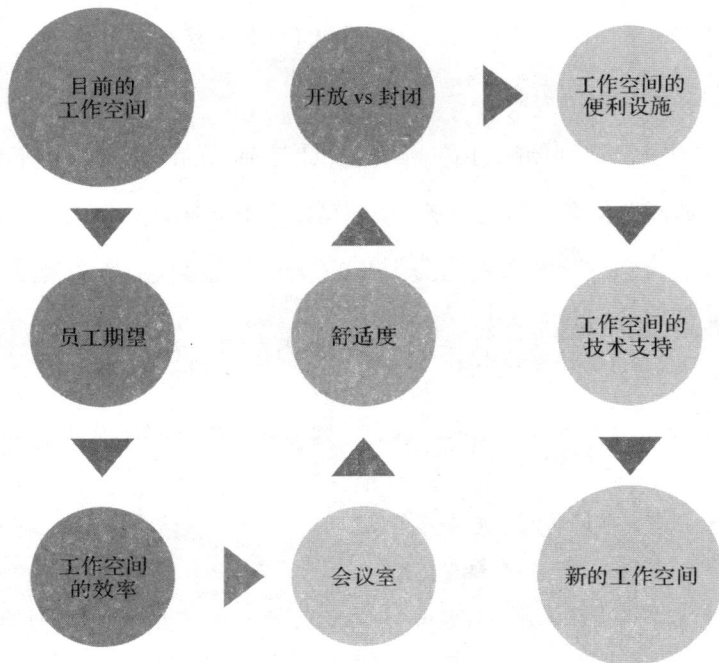

▲ 工作空间设计的思考过程

开放 vs 封闭

所谓开放理念，就是所有人都处于一个开放的空间内，这能够使信息流通更自由。同时，开放的空间也能带来更好的合作与更融洽的团队关系。当然，也会有部分员工认为这样的工作环境会更吵闹、混杂，容易分散注意力，与封闭空间相比可能会导致生产力下降。对于那些习惯了传统工作空间的员工来说，开放式的空间更容易分散注意力。如果组织选择了开放的工作空间，那一定要确保他们的生产力不会下降。

舒适度

确保员工在一个足够舒适的工作空间中工作，这对于保证员工的高效率大有帮助。在优化空间的舒适度时，光照、声音以及气味都是需要经过设计的。如果组织决定采用开放的工作空间，那应该有足够的空间供员工自由活动。

会议室

组织想要怎么开会呢？是选择与会人数众多的一般会议，还是选择更小规模、更专注的会议？公司是否想要转向一种更高效的会议文化？如果是的话，就应该好好思考怎样去设计会议室来达到这一效果。公司是打算设立大量小型会议室，还是只有几个大型会议室？会议室该正式一些，还是要营造自由放松的氛围？这些问题的答案同样也和员工概况有关，因为将来在该工作空间工作的是他们，能够达成公司所期望的企业文化的也是他们。

工作空间的便利设施

工作空间的便利设施也同样取决于组织员工人口结构、行业与竞争对手，当然也包括财务预算。公司提供怎么样的设施条件，很大程度上会影响员工的体验。一般来说，从员工的角度出发，一个具备更多便利设施的工作空间往往具有更大的吸引力。公司能够为员工提供的便利设施很多，硅谷就有许多家现代科技公司，从代为泊车、免费餐点到干洗服务和健身设施，几乎对它们的员工有求必应。当然，这并不代表我们也需要做到像这些大型科技公司一样，哪怕是像提供咖啡和小吃这样小小的福利也是能带来积极影响的。对于那些没有资源去提供精细福利的小型公司来说，这也未尝不是一种选择。

为员工提供工作空间内的各种福利是组织选址策略中很重要的一部分，需认真考虑并分析。一方面，提供各类福利是比较昂贵的。另一方面，这也是好处巨大的。简单来说，现如今许多年轻一代的员工往往会希望他们的工作空间内能够有一些便利设施可供他们使用。战略人力资源规划的执行者的职责就是将这些基本设施的成本与效益做一个对比分析，帮助领导层了解在新场址应提供怎样的基础设施。

工作空间的技术支持

在开发和设计新工作场所来优化员工体验时，需要讨论的最后一点便是技术支持。和其他空间设计中需要考虑的因素一样，工作空间的技术亦取决于员工人口结构和他们所要从事的工作类型。除此以外，组织能够为新选址提供的预算也是影响最终工作空间的一大因素。对此，战略人力资源规划的执行者应当向选址策略的决策者提供有关信息来回答以下问题：

- ◆ 在新的选址上进行的工作活动是否需要新的技术支持？
- ◆ 新选址的工作人员的技术水平相比组织其他地方的员工如何？
- ◆ 如何利用技术来支持选址策略的其他方面？比如说，如果选择了开放的工作空间，员工是否需要降噪耳机来避免注意力分散？

◆ 有了技术支持，如何用它来提高工作便利性以促进生产力？

要想通过开发与优化工作空间来推动生产力，提高员工的投入度、合作度和创造力，是需要经过认真设计的，而战略人力资源规划部门无疑需要从一开始就参与其中。

本章小结

● 随着行业竞争日益激烈，人才也是一大竞争优势，这已经成了许多组织战略的基础性支柱。

● 为企业选址策略制定劳动力标准时，通常需要考虑：1. 生活质量因素；2. 生活成本因素；3. 选址的地理位置；4. 基础设施因素；5. 移民政策。

● 在对当前与未来的选址策略需求进行分析时，组织应考以下关键因素：1. 员工人数；2. 企业战略；3. 宏观经济变量。

● 战略人力资源规划的执行者在探究如何设计一个工作场所才能使员工在其中发挥最大效用时，主要有以下方面需要考虑：1. 员工对工作空间的期望；2. 工作空间的效率；3. 工作空间的技术支持。

STRATEGIC WORKFORCE PLANNING

09

**临时劳动力的战略人力
资源管理规划**

Developing Optimized Talent
Strategies for Future Growth

将临时劳动力作为人力资源的一部分来理解

临时劳动力往往不会被视为正式员工，这些员工通常是在某一段固定时间为公司工作，他们的合同会根据他们的表现以及他们正在从事的项目和为公司带来的价值续签或终止。其与正式员工之间最大的区别在于他们为公司工作的持续时间、他们得到的福利以及税收的方式（征税方法可能因国家而异）。

临时劳动力

要想区别临时劳动力与全职员工，一个简单的方法就是，把临时劳动力视为自由职业者。在工作和获得报酬方面，临时劳动力更加灵活。这种形式的员工可以依据合同临时从事特定工作，也可以作为顾问为公司的某个项目工作。必须指出的是，组织应将临时劳动力视为完全自主地在执行他们的工作。这意味着这些员工其实是在为自己工作，他们有能力决定如何审查、执行和交付他们的工作项目。

合理使用临时劳动力

那么公司为什么会使用临时劳动力呢？他们又将如何被纳入更广泛的劳动力战略之中呢？对于组织为何要将其视为劳动力战略的一部分，原因是多种多样的。其中最主要的一个原因大概就是他们能够为组织增添灵活性，这样组织在面对短期项目或技能短缺时，方能应对自如。同时，大到整个行业，小到日常的具体任务，临时劳动力能帮助组织提高生产力。举个例子来说，某公司特设呼叫中心来处理顾客问题，该呼叫中心的需求呈季节性，那么有了临时劳动力，组织就能够使得季度性需求得到灵活缓冲，同时也不会承受太大的风险。关于利用临时劳动力来缓解风险的更多内容，将在本章后面讨论。

将临时劳动力纳入更广泛的劳动力战略也能够减轻管理负担。与管理全职员工不同，组织不必对临时劳动力进行面试、绩效评估以及处理繁杂的文书资料。管理负担得以缓解，全职员工便有更多的精力投入到更有价值的活动中去，长期为公司带来效益与生产力。

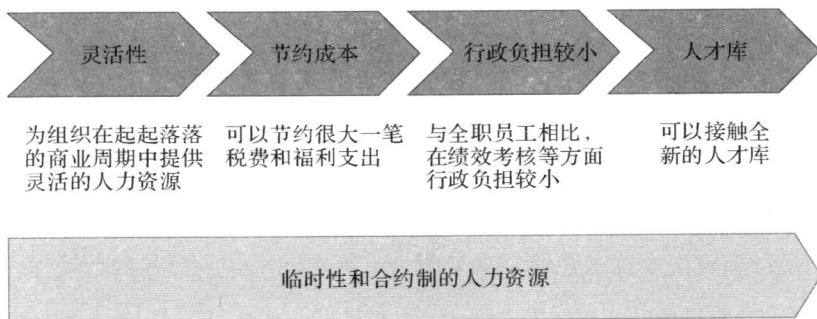

灵活性	节约成本	行政负担较小	人才库
为组织在起起落落的商业周期中提供灵活的人力资源	可以节约很大一笔税费和福利支出	与全职员工相比，在绩效考核等方面行政负担较小	可以接触全新的人才库

临时性和合约制的人力资源

▲ 临时劳动力人力资源战略的好处

另一原因则是临时劳动力能够为组织缩减成本。相比无论全职员工有多少产出都要给他们支付薪酬及福利，对临时劳动力则只要根据他们的产出支付相应的报酬即可。根据组织所在国家税收制度，说不定还能省下一大笔税款。就拿美国来说，组织不必承担其临时劳动力的社会保障与医疗保险，这样组织便能省下很大一笔长期费用。

另外，临时劳动力也将为组织带来一个全新的人才库，这是组织通过其他途径所无法取得的。大多数组织通常是通过主服务提供商（之后会对主服务提供商有详细的介绍）来获取临时劳动力，主服务提供商充当着组织与临时劳动力之间的媒介。

除了能够获得新的人才供给源，许多组织也把临时劳动力视作未来潜在的全职员工。让这些人先从临时劳动力做起，这样一来主管便相当于有机会对他们进行试用，以观察他们是否适合在未来成为组织的全职职员。毫不奇怪，比起雇用自己一无所知的新员工，主管更倾向于选择把临时劳动力提拔成全职员工，毕竟对这些人以及他们的工作方式更为熟悉。

临时劳动力的趋势

既然战略人力资源规划的执行者需要把临时劳动力放入更广泛的战略人力资源规划之中，那么就必须去了解临时劳动力目前的一些趋势。临时劳动力并不是最近新冒出来的，几十年来公司一直都在使用这一形式的劳动力。但比起以前也有不同之处，那就是使用这一类型劳动力的公司数量这几年日趋增多。另一需要注意的点是，现如今这样的劳动力形式已不仅在公司间风靡，就连求职者也会专门去找这一类型的工作。近年来，随着职业选择的自由度和灵活度的不断增强，来自各行各业的人都纷纷转为自由职业者。最近，一份由 Paycheck（一家线上人力资源服务公司）提供的研究表明，2000—2014 年，自由职业经济增长了 500%。有了想要利用临时劳动力来填补劳动力的招聘人员，又有了想要以这种形式工作的求职人员，世界各地的工作方式都发生了巨大的变化，甚至有了一个新术语来描述这类工作方式，叫"零工经济"或"按需经济"。不必舍近求远，看优步（Uber）这样的叫车公司，便能理解零工经济是如何戏剧性地改变了现在的服务方式和工作方式的。

对于战略人力资源管理规划者来说，这里可以得出一个结论：临时劳动力仍将持续受到欢迎。这也就意味着随着按需劳动力在企业劳动力中占比越来越大，就更需要将临时劳动力纳入更广泛的战略人力资源规划之中。那么，又该从哪里开始呢？以下是有关临时劳动力前途的问题：

◆ 在总体劳动力供给中临时劳动力的比重越来越大，这会对组织寻觅全职工有何影响？

◆ 组织该如何使其人才品牌独树一帜，以吸引那些对零工经济感兴趣的劳动力？

◆ 随着组织中临时劳动力的增多，组织该如何处理这方面的人才开发与管理问题？

临时劳动力战略的成本效益

和一般战略决策一样，组织在制定有关临时劳动力的战略时，也需要考虑成本与效益。帮助组织去权衡决策的成本与效益有助于战略人力资源规划的执行者深入探究更广泛的劳动力战略。战略人力资源规划的执行者应就以下三个方面进行研究：

◆ 临时劳动力的规模

◆ 临时劳动力在组织中从事工作的类型与范围

◆ 正式全职员工和临时劳动力间人才管理与企业文化方面的差异

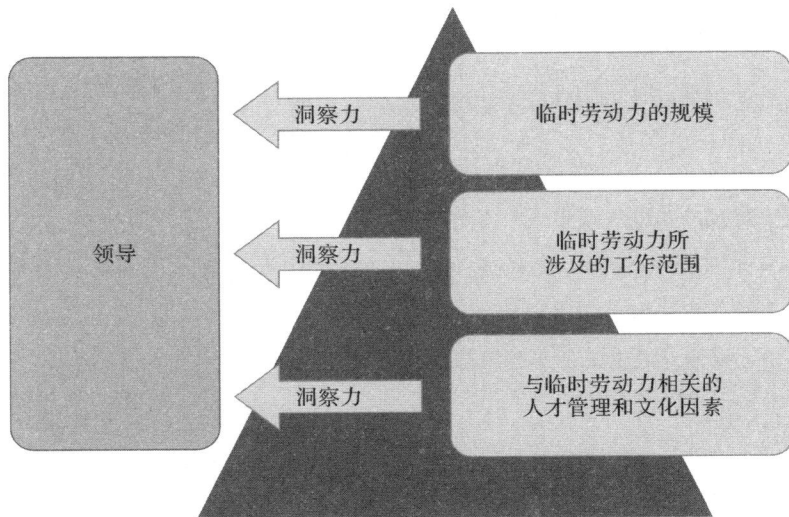

▲ 战略人力资源职能部门提供的有关临时劳动力的意见

临时劳动力的规模

有关临时劳动力的战略，公司需要解决的第一个问题便是，所有劳动力中该有多少临时劳动力？回答这一问题至关重要，因为这会对公司文化产生重大影响。如果临时劳动力的规模不断增长，组织便可能要承担公司文化被稀释的风险。在这一步分析中，战略人力资源规划的执行者应当对增加临时劳动力的比重所带来的效益与成本加以权衡。潜在效益包括：

◆ 节省税费（取决于国家）
◆ 与雇用、入职、离职相关的管理成本减少
◆ 获得额外的人才库
◆ 劳动力更灵活
◆ 能够缓解周期性与季度性的需求

扩大临时劳动力规模可能增添的成本与风险：

◆ 法律风险与合规风险（取决于国家）
◆ 需要不同的管理方法与风格
◆ 影响组织文化
◆ 公司的敏感信息有泄露的风险

战略人力资源规划的执行者在对扩大临时的规模所带来的效益与成本加以权衡时，一个有效的方法便是依据每一因素的重要性来分配权重。

在对以上各因素分配了权重与发生概率之后，战略人力资源规划的执行者应把每一权重乘以与其相对应的发生概率，由此得出的数字便是各因素的得分，工作人员可以据此对各情境进行比较。若某一因素的成本与风险得分高于其效益得分，就可以放弃考虑该因素。

将临时劳动力纳入战略人力资源规划

要想制定出一个真正全面的战略人力资源规划，就应将有关劳动力的方方面面都纳入规划之中。战略人力资源规划的执行者在规划时把临时劳动力考虑进去是至关重要的。正如本书所述，创建基本的战略人力资源规划有以下基本原则：

◆ 了解影响劳动力的企业战略与业务驱动因素
◆ 了解组织中的关键劳动力部门
◆ 分析目前构成劳动力的技能与人才的内外部供给状况，随后基于业务驱动因素进一步预测未来这些技能、人才的供给与需求
◆ 分析当前组织对内外部技能的需求，随后再基于业务驱动因素进一步预测这些技能的未来需求状况
◆ 制定策略去解决上述分析中得出的技能与人才方面存在的不足

将临时劳动力纳入组织的劳动力战略之中并完成整个战略人力资源管理规划，就要执行以上所述方法与步骤。实际上，战略人力资源规划的执行者应把临时劳动力视为与正式全职员工一样需要分析的劳动力因素。

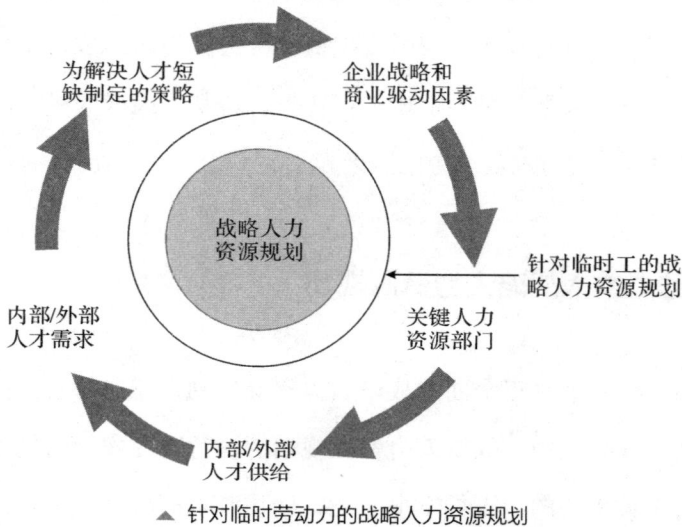

针对临时劳动力的战略人力资源规划

战略人力资源规划的执行者在进行战略人力资源管理规划时对待临时劳动力和正式全职员工的主要区别与规划者所提出的问题类型有所联系，接下来的内容便是就临时劳动力在战略人力资源规划的相关领域该提出哪些问题提供示例。

企业战略与业务驱动因素

◆ 企业在展望未来时是否更看重成本控制？若是的话，可以选择提高临时劳动力的比率来降低成本吗？

◆ 在石油和天然气这样的行业中，宏观经济因素的大幅波动会导致成本和规模缩减进而破坏商业周期吗？如果会，当经济不景气需要裁员时，临时劳动力能否带来更大的灵活性？

◆ 组织是否有规划意图将部分业务转为按需业务，如优步（Uber）或爱彼迎（Airbnb）？如果有，是否需要招募临时劳动力来满足新的需求？

关键劳动力部门

◆ 临时劳动力是组成了他们自己的劳动力部门，还是被分配到了各个劳动力部门之中？

◆ 是否各地对于临时劳动力的需求都是稳定的，还是因地而异？

◆ 统观所有临时劳动力，是否存在某些角色能够为组织贡献特别大的价值？若存在，组织要不要考虑将这类临时劳动力角色转换为正式全职员工？

◆ 对于那些起到重要作用的临时劳动力，组织如何和主服务提供商合作以确保其能够为这些岗位源源不断地输送合格人才？

人才供给与需求

◆ 企业战略未来是否会对那些供给有限的技能产生需求？若会，这些技能的需求能否在临时劳动力身上得到满足？

◆ 未来是否存在某些技能或岗位组织是无法通过正式全职员工获取的？那么，能否用临时劳动力来替代？

◆ 在外部市场中，哪些零工经济中的岗位和技能的需求正在增长？这会影响到组织将来为此寻觅人才吗？

◆ 在拥有某些特定技能的临时劳动力需求增长的同时，拥有类似技能的全职员工需求是否也会增长？

◆ 拥有某些关键技能的临时劳动力是聚集在世界的某一特定区域，还是说均匀分布在各地？

制定战略，填补人才缺口

◆ 在对正式全职员工进行差距分析时，是否有发现人才缺口？如果有，是否可以通过临时劳动力来填补缺口？

◆ 组织应该在正式全职员工还是临时劳动力的培训上投入更多资金？

◆ 组织应该专注于雇用正式全职员工，还是制定战略来培养高绩效的临时劳动力？

将临时劳动力纳入更广泛的战略人力资源规划之中其实并不像看上去那么复杂。基本上可以说是和正式全职员工储备的步骤是一样的。战略人力资源规划的执行者可能面临的最大挑战，便是思考评估临时劳动力当前与未来状况时所提出的问题与评估全职员工时有何不同。

选择主服务提供商和供应商管理系统

要制定临时劳动力战略，一个重要因素就是选择合适的主服务提供商和供应商管理系统。

主服务提供商从本质上来说就是组织的第三方供应商，帮助管理组织的临时劳动力及相关的人才。一般来说，主服务提供商可能以独立团队的形式为客户服务。主服务提供商本身往往是大型企业，然后通过小团队来展开工作为顾客服务。在组织更广泛的临时劳动力战略中，主服务提供商承担的主要工作便是帮助组织寻觅合适的临时劳动力。主服务提供商可直接帮助企业对候选者进行入职培训，收集他们的表现反馈，确保在向组织提供临时劳动力时能够满足其需求。

而供应商管理系统是用来管理临时劳动力战略的一项技术方案。组织一般用供应商管理系统来确定候选人的雇用标准、输入岗位需求、筛选候选人、对临时劳动力的工作表现予以反馈以及在第三方交易平台上核算付款。

由于主服务提供商与供应商管理系统都有可能会影响到组织在临时劳动力上的战略，组织应当慎重地对将要在战略上进行合作的供应商进行筛选。同时，主服务供应商还应当帮助组织消除临时劳动力可能带来的战略风险，这一点在前面已经提到过了。

既然主服务提供商和供应商管理系统对于组织成功执行其临时劳动力战略有如此大的影响，选择能够帮助组织实现其目标的供应商就很有必要。战略人力资源规划的执行者应当直接制定出选择合作供应商的标准及评估方法，接下去的部分将概述供应商选择过程中的一些重要标准以及组织用于比较供应商的方法。

评估主服务提供商与供应商管理系统的标准

客户服务

既然组织购买了供应商的服务，那两者之间便是合作伙伴关系。这也就意味着，供应商要对其所提供的服务负责。如果组织想要在主服务提供商或供应商管理系统的解决方案上投入大笔资金，那么供应商作为服务的提供者就要去理解公司及其关注点，并灵活地去满足组织运营的动态需求。

主服务提供商／供应商管理系统集成

前文已经讲过，主服务提供商与供应商管理系统在帮助组织管理劳动力中各自发挥着独特的作用。还有一种更优方案，那便是将主服务提供商与供应商管理系统集合起来。如果能找到这样的供应商，便能降低整个流程的复杂性。

风险管控

近年来，许多组织开始使用临时劳动力，这不仅是用来作为补充人才的一种手段，也是用来作为减少缴纳税款的一个策略。在美国，公司若想合法地省下这笔税款，那就要对临时劳动力的使用符合特定的政府规定。如若公司不遵守规定，就将面临巨额罚款。

数据分析

一个合格的主服务提供商和供应商管理系统对管理临时劳动力十分重要，它们能够帮助组织去跟踪和分析临时劳动力的工作表现。

供应商的相关支出

毋庸置疑，如果某一主服务提供商与组织建立了合作伙伴关系，并以组织名义在招聘候选人上有所开销，这就是组织的成本了，组织必然要了解供应商花钱在何处以及其中的一些细节。所以，组织选择合作的供应商应当将相关支出透明化，以方便组织查询，这一点很重要。

人才管理

大多数组织都有自己的内部文化，这不仅塑造了其战略目标的实现方式，也决定了组织日常工作的完成情况。要想维持这一企业文化，就要有相关管理人才的系统与流程。组织选择合作的供应商也应当确保他们所提供的人才不会破坏现有的企业文化。要做到这一点，需要供应商考虑清楚如何管理他们提供的人才。

技术的可用性

关于供应商管理系统，另一个需要考虑的便是技术的实用性问题。如果软件过于复杂，难以掌握，那它的很大一部分价值便不能发挥出来。因此，对软件在用户界面上的实用性进行评估很重要。若工具太难使用，那势必会使终端用户望而却步，并最终成为一大障碍。

客户评价

最后一大评估标准即客户评价。让供应商为组织提供客户评价，是了解其产品或服务优劣的很关键的一步。客户的评价如此重要，以至于值得通过供应商及独立第三方去获取。双管齐下方能确保最终获取的评价是公正的，而不是偏向供应商一方的。

一旦评价标准建立了起来，就可以对多个供应商进行比较。一个简单有效的方法便是权衡每一个因素对于组织的重要程度，用1~10表示其重要性（10表示最重要），给所有的变量进行排序。接下来，将每个变量的得分乘以分配给它的权重，然后将供应商的所有变量的最终得分相加，分数最高的供应商即是组织的最佳合作伙伴。

本章小结

- 组织应将临时劳动力作为劳动力战略的一部分，主要有以下原因：1.节约税费（取决于国家）；2.与雇用、入职、离职相关的管理成本减少；3.获得额外的人才库；4.劳动力更灵活；5.能够满足周期性与季度性的需求。

- 战略人力资源规划的执行者主要就以下方面进行重点研究：1.临时劳动力的规模；2.临时劳动力在组织中从事工作的类型与范围；3.正式全职员工和临时劳动力在合作交流上的人才管理与文化因素。

- 在制定临时劳动力战略时，需要考虑的最重要的因素便是选择合适的主服务提供商和供应商管理系统。

STRATEGIC WORKFORCE PLANNING

10

劳动力分析

Developing Optimized Talent
Strategies for Future Growth

什么是劳动力分析

所谓劳动力分析，又称人员分析或人力资源分析，从本质上来讲，是一种用于深入探究劳动力影响因素的数据驱动方式。劳动力分析通过数据可视化分析、度量、统计等方式来回答以下组织中与劳动力有关的问题：

◆ 为什么会发生？

◆ 为什么正在发生？

◆ 下一次发生是什么时候？

▲ 劳动力分析要回答的关键问题

劳动力分析并不是一个新概念，但它最近几年更加流行了。它之所以开始流行，主要是由几大因素导致的。在大数据时代，许多组织为了在其所在行业中保持竞争力，被迫分析数据和制定战略。那些不去分析数据和制定战略的公司，将会失去优势。正是从这个时候开始，劳动力分析开始有了发展起来的势头，并日渐成为人力资源的一项新标准。

另一导致劳动力分析开始流行的因素则是人力资源技术和系统的进步。随着劳动力分析越来越流行，大型的人力资源公司开始扩大他们的服务范围，在产品中纷纷加入了基本的分析模型。与此同时，一些规模相对较小的人力资源公司开始冒出来，主要提供更人性化的分析方案。

媒体曝光是劳动力分析兴起的另一大原因。一些类似谷歌这样的公司成功运用劳动力分析的故事早已众人皆知，在人力资源领域备受关注。除了一些常规的媒体机构会就这一话题撰写文章外，网络博主也把这个话题炒得很热，许多人力资源相关的会议也会讨论。

何时使用劳动力分析

关于劳动力分析的使用时机，一个更好的问题可能是：什么时候不应该使用劳动力分析？组织本质上期望管理者做出的决定能产生积极的商业结果，并为公司增值。也就是说，期望管理者能将他们的经验、直觉、能力与数据结合起来，做出真正最优的决策。通常情况下，这种由数据驱动的决策都是与金融、营销相关的。但若组织认为数据驱动的方式只能应用于这些方面，那就大错特错了。实际上，在人力资源方面进行数据驱动决策更为重要，帮助组织管理者深入了解劳动力，从而优化决策，最终形成竞争优势。

在任何时候做有关劳动力的决策都可以使用劳动力分析，战略人力资源规划的执行者更要知道的是如何使用劳动力分析。本节将涵盖一些更具体的应用劳动力分析的特定领域，以做出更好的劳动力相关的决策。

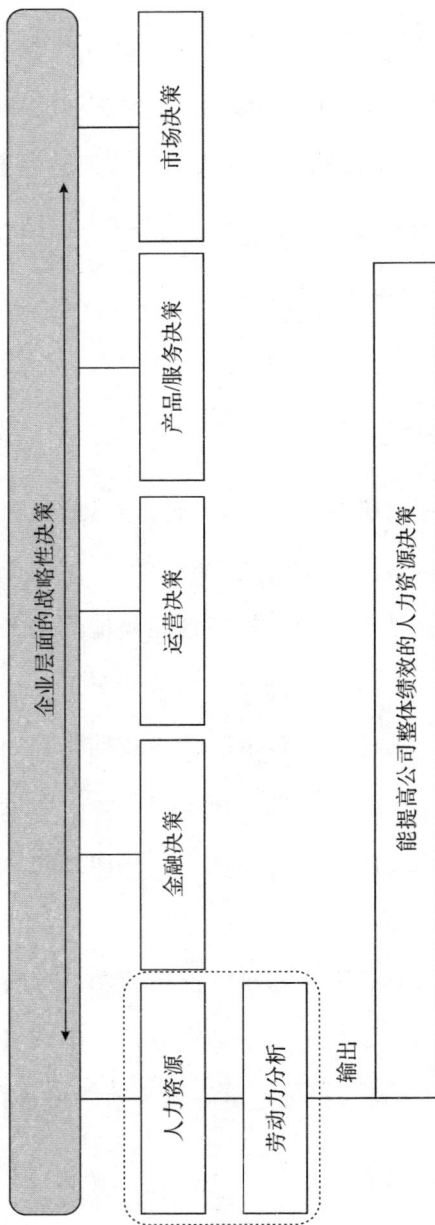

▲ 劳动力分析应该被用来改进组织有关人力资源的决策

招聘人才

对许多公司来说，能够在合适的时间吸引合适的人才很重要，这不仅是人才战略的支柱，也是企业战略的支柱。对于那些需要通过竞争获得人才的公司来说，清楚招聘流程中哪些步骤是有效的、哪些是不起作用的，尤为重要。更具体地说，这些组织可以使用劳动力分析来更好地理解以下的事项：

◆ 组织要花多少钱来招聘顶尖人才？

◆ 招聘这些顶尖人才需要多长时间？

◆ 组织应该在哪里寻找这些顶尖人才？

◆ 外部人才市场是否有可能影响组织未来人才战略的趋势？

◆ 第一次接触应聘者时，组织应该就雇主品牌强调哪些好处来吸引应聘者？

◆ 拥有怎样简历的候选人更有可能通过面试？

◆ 拥有怎样简历的候选人不仅更有可能通过面试，而且更有可能成为有效率的员工？

◆ 根据候选人的个人资料，更有可能退出招聘过程的那些候选人是否有不同之处？如果有，又是什么呢？

◆ 组织如何进行面试和评估，以准确预测哪些候选人能脱颖而出？

◆ 组织如何制定面试培训材料，以提高准确评估应聘者技能和行为特征所需的关键属性？

留住人才

对于那些需要通过竞争获得人才的组织来说，仅仅成功招募顶尖人才还不够，组织必须要留住他们。公司制定留用战略有多种原因，主要原因如下：

◆ 招聘新员工来填补离职员工的成本高昂
◆ 每一次员工离开组织，他们都会带走在公司工作时所获得的智力资本。智力
　资本对组织来说是无价的，一旦它消失了，就需要时间来找寻替代者
◆ 每雇用一名新员工，组织就需要时间来培训他们的技能，然后才能使他们充
　分发挥自己的价值，新员工的培训成本非常高

　　上述原因强调了组织失去顶尖人才会带来的高成本及相关影响。而劳动
力分析可以成为有价值的工具，找出那些引起员工流失的因素。具体而言，
劳动力分析可以帮助组织领导探究与员工流失有关的事项：

◆ 组织内部人员流失的最主要因素是什么？
◆ 不考虑上述因素，薪酬和福利对留住顶尖人才有多大帮助？
◆ 组织顶尖人才的流失率是高还是低？为什么？
◆ 组织中是否存在人员流失过低的部门（一定数量的人员流失是好事，这能防
　止组织在创造力和新思维上停滞不前）？如果有，为什么？
◆ 人员流失是否因整个组织的员工人口结构特征而异？例如，千禧一代与婴儿
　潮一代有什么差异。如果会，这又是为什么？
◆ 人员流失是否因地而异？如果是，为什么？
◆ 是否有某些岗位有更高的人员流失率？如果是，为什么？
◆ 组织整体人员流失的趋势是在上升还是下降？为什么？
◆ 外部宏观经济状况对组织的人员流失率有多大影响？
◆ 人员流失的实际成本是多少？这些成本是增长了还是减少了？为什么？
◆ 基于组织在其商业周期中的位置，人员流失是一个问题吗？例如，该公司是
　否处于重组或裁员模式之中？

◆ 留住顶尖人才是一向如此重要，还是未来会变得更加重要？

发展人才

如果组织专注于吸引和留住顶级人才，不用说，组织也应该很希望自己培养这样的人才。根据组织关于人才发展的理念，可以采取各种不同的方法来实现这一目标。关于吸引和留住人才，劳动力分析在其中也可以发挥重要作用。有关这一方面的劳动力分析可以回答的问题包括：

◆ 组织目前开发人才是否会影响整体绩效？如果是的话，带来的影响是正面的还是负面的？为什么？

◆ 是否有比普通培训项目更为有效的培训方案？为什么？

◆ 考虑到培训的成本和效益，该给员工提供怎样的培训？

◆ 所有员工是否应该接受相同程度的培训，还是应该根据员工的工作和该工作对组织的重要性来定制培训方案？

◆ 培训是强制的还是自愿的？会造成培训效果的差异吗？如果会，为什么？

◆ 是否有更有效的培训方法？如果有，为什么？

◆ 有没有能够使培训计划更有效的因素或特性？

◆ 组织中是否有特定的群体能对培训项目做出反馈？如果有，为什么？

◆ 培训的效果是否会因地而异？如果有，为什么？

◆ 对于全球性组织来说，文化因素是否会影响培训效果？如果有，为什么？

◆ 组织目前的培训方法是否已成体系？培训是否变得更有效了？如果是，为什么？

◆ 线下培训与线上培训的效果是否存在差异？如果是，为什么有差别？有多大的差别？

◆ 提供培训的成本和培训对生产力的影响是什么？

◆ 培训成本是在增加还是减少？为什么？

绩效管理

如果期望管理者使用绩效管理系统，那么了解员工绩效的驱动因素对于组织来说是至关重要的，而劳动力分析可以帮助回答与员工绩效相关的下列问题：

◆ 在其他条件相同的情况下，环境因素是否会导致一个员工的表现比另一个员工更好或更差？如果是的话，这些因素是什么？

◆ 在其他条件相同的情况下，劳动力中是否存在年龄、任期等因素导致绩效的差异？如果是，为什么？

◆ 员工团队中是否有部分员工比其他员工表现得更好或更差？如果是，为什么？

◆ 是否有具有特定背景、教育程度或经验水平的员工比其他员工的业绩更好或更差？如果是，又是哪些人？

◆ 是否会有某些地方的绩效优于其他地方？如果是，为什么？

◆ 在给予员工绩效评级时，绩效管理系统是否存在偏见？如果系统中存在偏见，这种偏见是否普遍，为什么？

◆ 具有特定背景的管理者是否有可能给出更好或是更差的业绩评级？如果是，那么这些管理者具有怎样的特点？

◆ 组织的绩效评级是否服从正态分布？这种分布是强制的还是自然形成的？

◆ 正在评估的绩效特性是否与导致组织绩效提高的行为有关？

◆ 在业绩评级方面有什么明显的趋势吗？平均而言，业绩评级的趋势是增加的还是减少的？为什么？

◆ 组织中是否有一些人才的绩效在提高或降低？如果是，为什么？

员工的敬业度与满意度

许多组织每年或每半年进行一次调查，了解员工对工作和整个组织的参与度和满意程度。毋庸置疑，评估这些调查结果的最佳方法是进行劳动力分析。如果做得正确，采用先进的统计方法，劳动力分析可以从调查结果中摒除随机噪声，并帮助组织领导深入洞悉员工的参与度和满意度。可通过劳动力分析来回答以下有关员工参与度和满意度的问题：

◆ 员工敬业度和满意度的主要驱动因素是什么？这些驱动因素是基于组织内部因素，还是其他外部因素？

◆ 人口因素会影响工作的满意度吗？如果会，为什么？

◆ 是否有某些工作或技能比其他工作或技能的参与度和满意度更高？如果是，为什么？

◆ 工作投入度和满意度是否因地而异？如果是，为什么？

◆ 文化对工作满意度有影响吗？如果有，什么文化因素导致工作满意度变化？

◆ 假设与薪酬有关的问题也在调查范围内，组织提供的薪酬和福利是否有助于提高工作满意度？

◆ 参与度、满意度是否和人员流失率有关系？如果是，为什么？

◆ 领导的支持是否会影响参与度与满意度？

◆ 公司绩效是否会影响参与度与满意度？为什么？

◆ 类似通勤时间这样的因素是否会影响参与度与满意度？

◆ 在参与度与满意度上是否存在某种趋势？该趋势是积极的还是消极的？为什么？

有关劳动力分析对组织所起的帮助，前面的例子只是冰山一角。尽管这超出了本书讨论的范围，但要注意，要回答其中的许多问题，组织必须具备一些有关数据和统计的基本配置，执行上述许多分析需要一定程度的统计能力以及数据支持。在以后的章节中还会有更多关于这一点的内容，这里我只想说，某些分析可能会非常复杂。

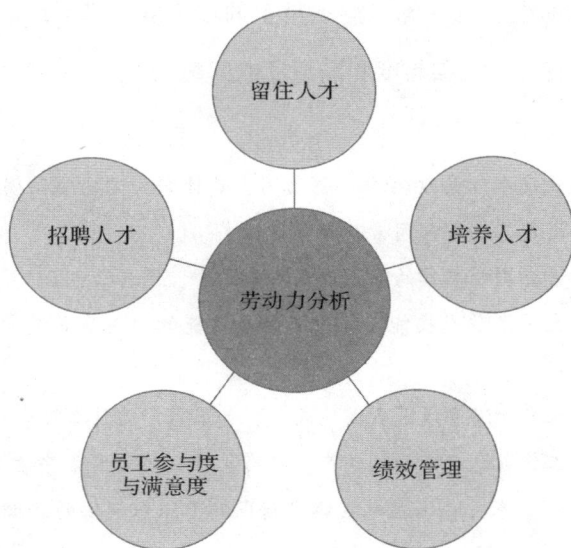

▲ 劳动力分析可运用于人才管理的各个方面

劳动力分析成熟度曲线

本节将介绍劳动力分析的成熟度曲线，该曲线描绘了企业基于劳动力分析职能部门的系统、流程和技能可以掌握的深度信息和可以回答的问题类型。劳动力分析成熟度曲线有多种版本，不管曲线形状如何，劳动力分析主要有以下四大功能，能够对与劳动力相关的问题提供更深入、更复杂的见解。

基本报告

基本报告是劳动力分析成熟度曲线的基础阶段。在此阶段，组织通常可以从人力资源信息系统数据库中直接提取基本报告。这些报告通常以 Excel 工作表的形式提供原始数据，创建报告的通常是直接从事人力资源工作的相关人员。

指标报告

劳动力分析成熟度曲线的下一个阶段是指标报告。这一阶段要创建数据透视表及其他更有力的报告。在成熟度曲线的这一阶段，目标从简单地抽取数据发展到将数据可视化，从而更直观地洞察员工队伍的不同维度。数据不再来自人力资源信息系统中的某个单个表格，而是来自由多个表格合并形成的自定义报表。正是在劳动力分析成熟度曲线的这个阶段，组织经常开始思考并建立基本的度量标准，以跟踪和度量组织员工的健康状况。为此目的，组织往往更多地强调分析历史数据，以跟踪和审查最新的变化。

此阶段的技能及需求与第一阶段相似，主要区别在于分析师在操作和合并不同数据报表时应具备的结构化查询语言等专业知识的深度。对于分析师来说，拥有数据可视化和仪表盘工具方面的经验很有用。这一阶段还涉及开发和创建包含在仪表盘中的度量，因此如果分析师对组织所面临的业务、运营模式和关键人员的挑战都有很强的理解，将是一个加分项。简而言之，对于分析师来说，具备强大的商业洞察力在这一阶段是非常重要的。

描述性分析

劳动力分析成熟度曲线的下一个阶段是描述性见解。值得注意的是，这一阶段相当重要，其原因与组织在这个阶段需要的技能相关。与成熟度曲线的前两个阶段不同，描述性见解更侧重于分析底层数据。在此阶段，组织开始更多地强调可能影响业务趋势的根本原因和因素。例如，组织可能会深入研究那些导致某一部分员工流失的深层原因。

值得一提的是，这是使用先进统计技术进行分析的第一阶段。在这个阶段，仅仅创建图表和可视化数据是不够的，分析人员还需要区分和量化数据中可能出现的具有统计意义的事件和随机噪声，他们应该能够执行稳健的探索性数据分析，还应该能够测试无效和替代假设。

在这一阶段，一名优秀的分析师还应该对数据有好奇心，了解组织面临的业务问题，并具备良好的沟通能力，以便简化复杂统计的结果，并向没有统计学背景的受众阐明这些结果。

预测性分析

劳动力分析成熟度曲线的最后阶段是从描述性分析前进到预测性分析。如果组织已经对事情发生的原因进行了回顾性分析，并积极预测接下来会发生什么，那么组织的领导者就可以采取相关措施来降低发生有害事件的风险。

这一阶段所需的技能主要是所有其他阶段的技能的总和，加上更高级的统计技能和计算机编程技能。

劳动力分析在战略人力资源规划中的作用

到目前为止，本章的重点一直是了解什么是劳动力分析，以及如何利用它来更深入地了解可能影响企业绩效的与劳动力相关的问题。现在的讨论将转向在劳动力分析和战略人力资源规划之间如何建立联系。劳动力分析在战略人力资源规划中的作用是如此重要，以至于不结合劳动力分析，几乎不可能创建一个强大的战略人力资源规划。劳动力分析让战略人力资源规划从以直觉为基础的活动转变为以事实为基础的活动，它让战略人力资源规划的执行者能够识别劳动力的发展趋势和相关问题。确定这些趋势和问题在战略人力资源规划中很重要，因为最终要基于劳动力分析来确定需要采取什么样的行动。劳动力分析也是战略人力资源规划的执行者用来做出预测或建立预测模型的主要方法。如果没有劳动力分析，战略人力资源规划的执行者将无法制定量化模型。下面的图表提供了有关战略人力资源规划的详细信息。

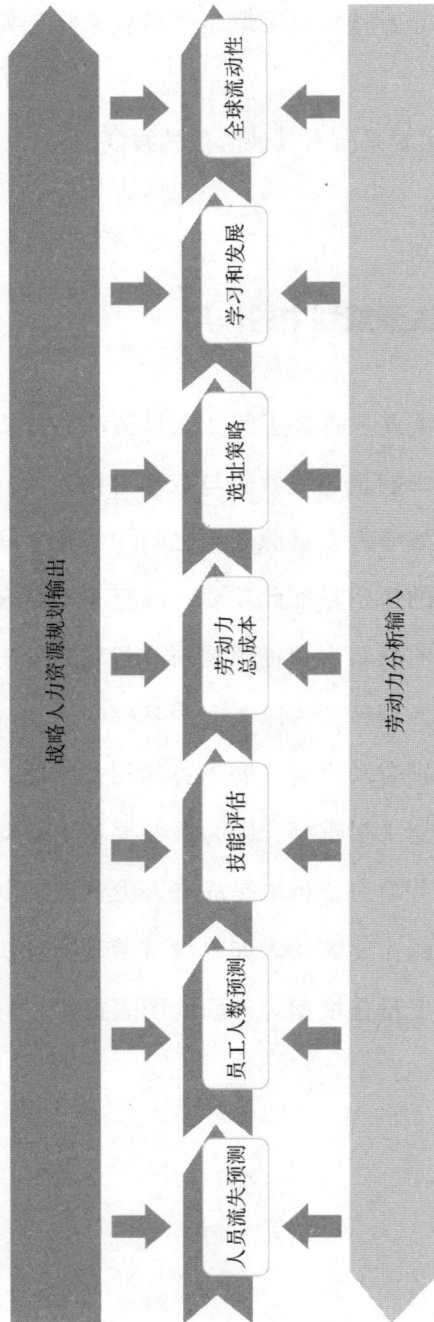

▲ 在战略人力资源规划中使用劳动力分析

人员流失预测

对于战略人力资源规划的执行者来说，应把人员流失预测也考虑进来。一个良好的人员流失预测应该以统计学为基础，在劳动力分析的范围内清晰可见。

员工人数预测

一个好的人数预测应该包括两个关键部分，一是自上而下和自下而上的定性分析，二是更量化的回归分析，后者只能通过统计来实现。

技能评估

一个好的技能评估应该量化整个组织的技能水平，这种技能评估也可以通过劳动力分析来完成。

劳动力总成本

计算劳动力总成本是一个有很多变量的分析，这是战略人力资源规划的一个重要方面，它可以利用劳动力分析得出最终结论。

选址策略

基于位置的战略人力资源规划涉及劳动力分析的各个方面。从对不同地点进行成本效益分析，到开发、排序和将关键度乘数应用到站点选择上，都属于劳动力分析的范畴。

学习和发展

为了优化员工的生产力，战略人力资源规划的执行者确定组织在不同的员工群体中花费多少培训资金的规划。

全球流动性

对于战略人力资源规划的执行者来说，整个组织的内部流动性是很重要的，这也可以通过劳动力分析得出。

本章小结

- 劳动力分析能将战略人力资源规划从一种主观的猜测转变为一种量化的分析。

- 劳动力分析的主要任务是通过数据可视化分析、度量、统计等方式，回答以下组织中与劳动力有关的问题：1. 为什么会发生？2. 为什么正在发生？3. 下一次发生会是什么时候？

- 劳动力分析可以用于跟踪劳动力队伍的趋势，衡量与劳动力相关的项目的效果，围绕影响绩效的领域做出预测。

- 劳动力分析成熟度曲线是指跟踪组织中劳动力的熟练性和成熟度的分析曲线。

STRATEGIC WORKFORCE PLANNING

11

建立有效的战略人力资源规划职能部门

Developing Optimized Talent
Strategies for Future Growth

为战略人力资源规划职能部门奠定基础

一般来说，组织之所以建立战略人力资源规划职能部门，是因为公司在制定和执行劳动力战略方面还存在一定缺陷。对于这些组织来说，构建战略人力资源规划职能部门仅仅是为了应对可能产生负面影响的劳动力事件，因此这个决定往往是临时做出的，通常没有足够时间思考那些长远看来与该职能部门成功与否密切相关的设计细节。若没有为战略人力资源规划职能部门奠定坚实的基础，其潜在的影响将是巨大的。没有坚实的基础框架，可能会导致组织对该职能部门的用途、期望以及衡量成功的标准存在困惑。

如果前期对战略人力资源规划团队所需的技能没有足够的思考的话，也会对组织结构产生负面影响。特别是若没有对技能、领导力和经验一个很好的整合，会对团队能否得出正确的结论产生重大影响。

可伸缩性是组织在创建战略人力资源规划职能部门的初始阶段就应该考虑的因素。如果没有为战略人力资源规划职能部门如何与组织的其他部分对接建立明确的流程和系统，将可能潜在影响部门在整个公司中的动力、成长和扩展。

在初步设计战略人力资源规划职能部门时，还应考虑技术和数据需求，尤其是要应对数据质量和完整性上面临挑战。

在决定筹建战略人力资源规划团队之后，组织最好前期耗费多一点时间来自我评估。如果组织做到了这一点，那么将有助于最大限度地提高团队为组织增加价值的可能性。实际上，在战略人力资源规划团队的设计阶段，组织应该考虑以下基本因素：

◆ 战略人力资源规划团队的愿景是什么？
◆ 谁需要加入战略人力资源规划团队，他们需要什么技能？
◆ 要扩大战略人力资源规划团队的规模，需要建立哪些系统和流程？
◆ 战略人力资源规划团队需要具备哪些技术和数据才能提供可靠的方案？

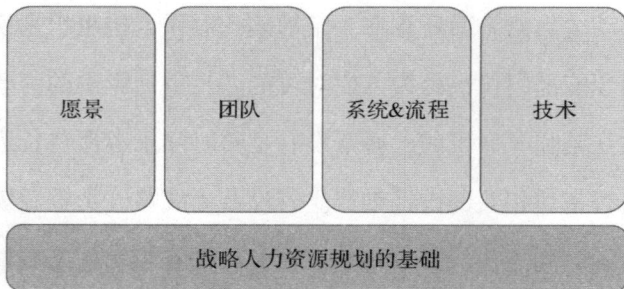

愿景	团队	系统&流程	技术
战略人力资源规划的基础			

▲ 战略人力资源规划团队的基本因素

创建战略人力资源规划职能部门的愿景

　　勾勒公司愿景可以提高公司业绩，同理，勾勒部门愿景也很重要。事实上，要想设计一个高效的战略人力资源规划职能部门首先要创建愿景。在设计该部门的早期阶段，创建愿景是一个关键点。若没有创建愿景，可能会抑制战略人力资源规划团队的发展潜力。例如，假设组织的愿景是建立一个战略人力资源规划职能部门，那未来 3~5 年所需的人才组合和团队配置就要有所准备。为战略人力资源规划职能部门创建愿景，不能掉以轻心，也不能仓促完成。创建愿景涉及以下关键领域：

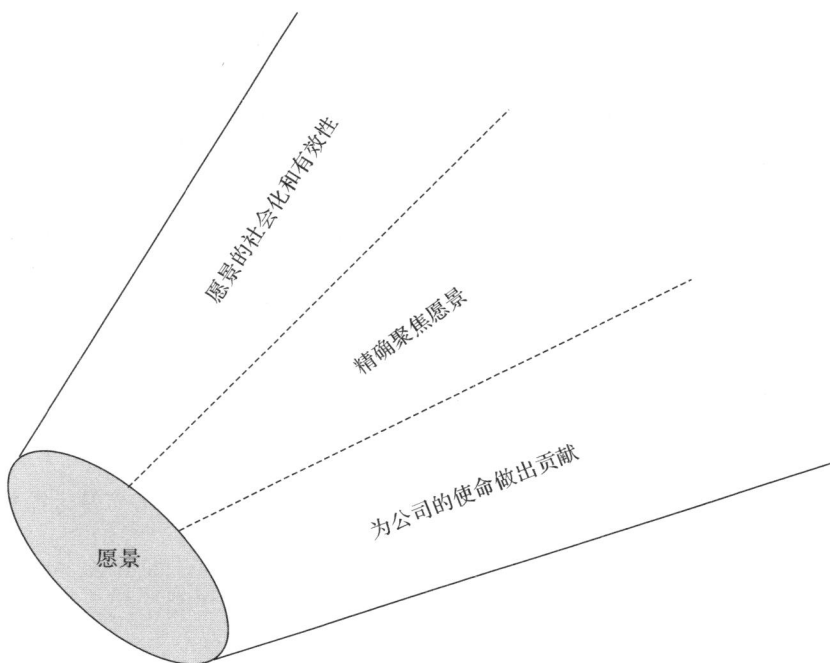

▲ 创建愿景涉及的关键领域

◆ 为公司的使命做出贡献

◆ 精确聚焦愿景

◆ 愿景的社会化和有效性

保持部门愿景与公司使命的一致性

贯穿本书的一个反复出现的主题是，劳动力战略与公司愿景保持一致非常重要。组织领导者应该提出的第一个问题是：我们公司的愿景是什么？战略人力资源规划职能部门该如何支持组织去实现这一愿景？组织领导者应该确定战略人力资源规划职能部门的工作范围，以便为企业愿景的实现提供必要的支持。

举个例子，假设一家公司的使命是生产先进的自动驾驶汽车。那么组织领导可能会问的第一个问题是：该组织的员工如何帮助公司实现其目标？假设这个问题的答案是招募大量具备专业技能的工程师，那组织领导者现在就可以对战略人力资源规划职能部门提出要求了。组织领导可能会问以下问题：

◆ 战略人力资源规划职能部门能否知晓当前与未来对工程师的需求分别是多少？

◆ 战略人力资源规划职能部门能否提供相关技能在外部人才市场上的供应情况？

◆ 战略人力资源规划职能部门能否跟踪和衡量员工帮助组织实现目标的程度？

精确聚焦愿景

一旦有了基本的愿景，组织领导就可以开始完善愿景并使其更加精确。这一阶段需要就具体细节提出更多的问题，这些问题将有利于战略人力资源规划职能部门帮助企业实现愿景。

◆ 战略人力资源规划职能部门能否知晓当前与未来需要多少工程师？如果能，部门将如何做到这一点？

◆ 战略人力资源规划职能部门能否掌握外部人才市场的供应情况？如果能，部门将如何掌握？

◆ 战略人力资源规划职能部门能否跟踪和测量员工对组织的帮助和影响程度？如果能，部门将如何建立和跟踪这些指标？

愿景的有效性和社会化

创建愿景的这一步需要有利益相关者和组织领导对愿景初始草案的反馈意见进行收集和验证。这项活动有两个目的：第一，战略人力资源规划职能部门作为支持机构来帮助企业实现愿景，这一活动将提高整个组织对该职能部门的认可。第二，它是建立战略人力资源规划职能部门的基础。本书稍后将对此进行更详细的讨论，但其目标是让关键利益相关者和跨职能合作伙伴参与到任务的早期阶段以及构建好战略人力资源规划职能部门的基础。在整个过程的早期阶段与利益相关者接触，可以提高他们在整个过程中的参与度，使他们更多地参与到战略人力资源规划职能部门的整个设计和执行之中。

创建战略人力资源规划团队

建立高性能的战略人力资源规划职能部门最关键的因素是创建一个能支持该部门愿景，拥有相关技能、知识和经验的团队。这至关重要，因为最终是要靠具体团队来执行规划的。例如，如果某战略人力资源规划职能部门的愿景是优化未来的劳动力结构，那么团队就需要具备能够构建此类模型的员工。正因如此，组织领导需要根据团队的预期目标来考虑战略人力资源规划团队的组成。

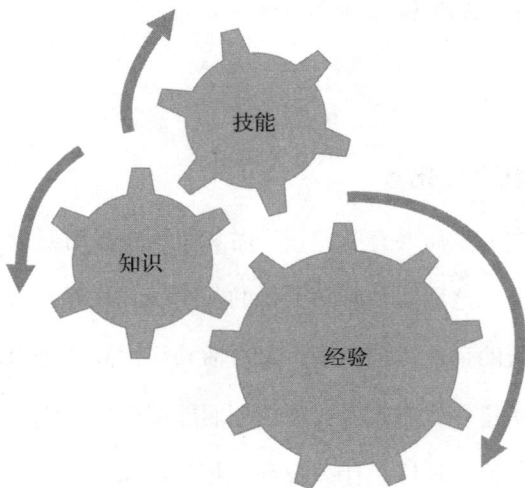

▲ 建立一支战略人力资源规划团队需要相应的技能、知识和能力

在为战略人力资源规划团队配置人才时，一个有用的框架便是本书前面所提到的劳动力分析成熟度曲线，因为领导者需要具体技能通常是要靠分析

得出的。

下一节将概述劳动力分析成熟度曲线的不同阶段及与战略人力资源规划职能部门的成熟度之间的关系。

部门规模

一旦组织领导层就实现战略人力资源规划愿景所需的人才配置和技能要求达成一致，就该考虑团队的最佳规模要多大。这一阶段颇具挑战性，因为通常情况下，愿景越是宏大，越需要一个规模较大的团队来执行。对于许多试图构建战略人力资源规划职能部门的组织来说，当他们没有足够预算来建立一个足够大的团队来时，事情会开始变得具有挑战性，组织可能需要细化其愿景或延长实现该愿景的时间线。另外，还需要考虑团队应该雇用哪些人才能发挥其最大影响力。从优先角度来看，组织领导可能会发现回答以下一些问题会很有帮助：

◆ 战略人力资源规划职能部门可以帮助组织解决的最大劳动力难题是什么？如果组织只能雇用 1 名员工来解决这一难题，他需要哪些技能？

◆ 如果该组织的预算只够为战略人力资源规划团队雇用 1 名员工，那么该组织是否有现有角色可以支持这名员工的工作？

◆ 如果该组织每年的预算只够雇用 1 名战略人力资源规划团队成员，那么会优先雇用拥有什么技能的员工？

◆ 对于在全球各地都有业务点的组织来说，一个小型的或独立的战略人力资源规划团队应该放在哪里？该团队是否只关注其所在地点，还是支持多个业务点？如果他们要支持 1 个以上的业务点，应该期望该团队实现怎样的影响？

在组织领导决定战略人力资源规划团队的初始规模和人才配置之后，讨论的焦点就应该转移到从流程和系统的角度来考虑该部门将如何运作和扩展。

建立战略人力资源规划团队的流程和系统

有关公司将如何组织和运作战略人力资源规划团队的日常活动，需要有一个计划，这是建立高效的战略人力资源规划职能部门的另一基本方面。与其他基础部门一样，创建系统、流程和可伸缩性计划需要组织领导的一些前期想法和整体规划。领导就这些流程和系统应回答的主要问题有：

◆ 接收和输出过程：战略人力资源规划职能部门该如何保证需要信息的利益相关者有一个平台和系统来获取这些信息或数据？此外，组织又该如何确保所需信息能够及时到达利益相关者手中，以便他们展开跨职能部门合作？

◆ 扩张与发展：组织如何进行扩张和发展？

◆ 优先级：战略人力资源规划执行者如何对其项目进行优先级排序并进行分析？

◆ 企业战略规划：组织如何将战略人力资源规划纳入正在实施中的企业规划之中？

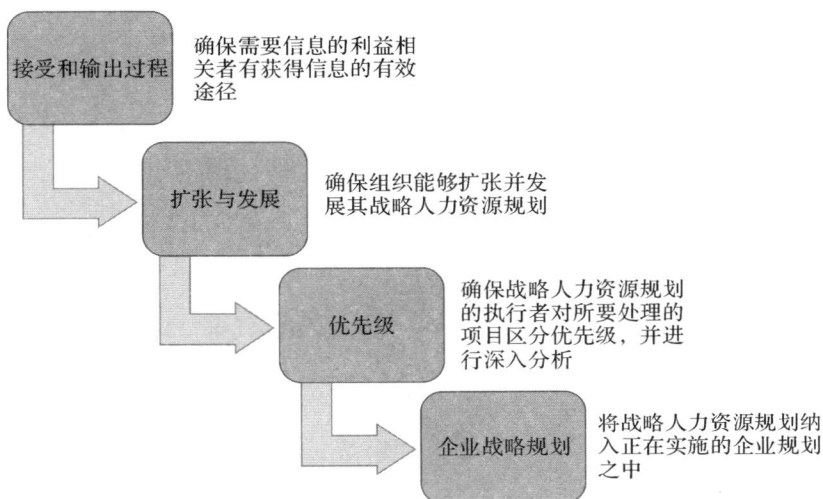

```
┌──────────────┐
│ 接受和输出过程 │   确保需要信息的利益相
└──────────────┘   关者有获得信息的有效
        ↓          途径
   ┌──────────────┐
   │ 扩张与发展 │   确保组织能够扩张并发
   └──────────────┘   展其战略人力资源规划
          ↓
     ┌──────────────┐
     │ 优先级 │   确保战略人力资源规划
     └──────────────┘   的执行者对所要处理的
            ↓          项目区分优先级，并进
                       行深入分析
       ┌──────────────┐
       │ 企业战略规划 │   将战略人力资源规划纳
       └──────────────┘   入正在实施的企业规划
                            之中
```

▲ 为战略人力资源规划团队建立流程和系统时需要考虑的因素

接收和输出过程

组织领导需要解决的第一难题便是，定位战略人力资源规划职能部门，以及明晰该职能部门应如何接收和输出相关请求。也就是说，战略人力资源规划职能部门必须确保流程到位，以接收和输出利益相关者的所有请求。以下问题可以帮助领导更好地了解战略人力资源规划职能部门应该如何构建方能满足接收和输出过程的需求：

◆ 需要战略性人力资源信息的利益相关者是哪些人？
◆ 利益相关者是否有等级划分，如初级、中级和高级？划分这些等级的标准是什么？
◆ 初级利益相关者、中级利益相关者高级利益相关者寻求战略劳动力内部信息的频率分别是多少？

◆ 各方利益相关者寻求的数据与信息是否有共通之处？

◆ 利益相关者提出的请求会因地而异吗？

◆ 是否有优先级模型来确保利益相关者和项目可以优先获得可交付成果？

◆ 领导层对战略劳动力内部信息背后的数据与概念是否满意？他们是否会据此制定可行性策略？

◆ 组织是如何实行正在进行的战略规划的？举例来说，他们是每周、每月还是每个季度与战略人力资源规划的执行者举行一次会议？

◆ 高层领导如何接收人力资源相关信息？他们是喜欢定期收到一份总结报告，还是喜欢主动去询问战略人力资源规划职能部门？

以下是构建接收和输出过程的几个常用模型。

信息支持模型

在信息支持模型中，请求信息的利益相关者会向战略人力资源规划团队发送电子邮件。在电子邮件中，他们会概述想要收到的内容以及收到的时间。要注意，他们发送的请求并不针对某个特定的人，而是针对整个团队。战略人力资源规划团队将根据请求的类型、复杂程度、提出的利益相关者和请求的优先级来划分等级。等级确定之后，战略人力资源规划团队应该向发起该请求的利益相关者做出回应，告诉他们将何时收到所需信息以及相关信息概要。在此有几个细节问题需要落实：

◆ 对请求进行优先级划分的标准是什么？哪些利益相关者应当参与到标准的制定之中？

◆ 谁来负责信息请求的分类划分？是由团队中一人来负责还是多人负责？

◆ 处理这些请求的人员需要对请求及请求人有多了解？

◆ 除了最初的成果交付之外，还会有其他后续支持吗？如果有，谁来提供？

◆ 如何衡量信息请求系统的有效性和服务水平？比如说，是否会有后续的邮件或调查来征求反馈意见，以了解信息请求系统的运作情况？

嵌入式支持模型

在嵌入式支持模型中，通常战略人力资源规划团队的成员会直接为特定的利益相关者提供支持，其好处是可以为利益相关者提供更个性化和更详细的解决方案。

嵌入式支持模型最大且最明显的问题就是试图扩展该模型所带来的困难。该模型的基本思路是，应该为每个需要支持的客户或利益相关者提供专用资源。如果有三四个团队需要相关支持，那么显而易见，模型所需的就要一个相对庞大的团队来实现。大多数组织通常都没有充足的预算来支持如此规模的职能部门，特别是该部门还处于其生命周期的早期阶段时。

混合支持模型

以上所提到的两种模型均有利弊，既会带来机遇，也会带来挑战。由此衍生出的另一方法，便是将这两种模型结合起来，将两种模型的要素集中在一个模型之中。混合模型背后的理念，既给利益相关者一个选择的机会，又对需要更多个体服务的利益相关者一个个性化的支持。要想使这两种模型的结合体发挥作用，关键是要明确利益相关者和客户群体是谁，然后确定这些群体想要从战略人力资源规划团队获取的支持与内部信息的级别水平。

一旦完成了对利益相关者和客户群体的识别，并对其所需要的支持和洞察力有了一些基本的理解，组织领导就可以创建一个混合模型结构，确定团队小组分别应获得什么级别的支持。还需要指出的重要一点是，提供支持的程度将在很大程度上取决于战略人力资源规划职能部门所拥有的资源量。换句话说，如果战略人力资源规划职能部门是由一个执行者独挑大梁，那么组织要想发展一个混合的支持模式也是很有挑战性的。

扩张与发展

流程与系统的扩张与发展是战略人力资源规划职能部门的前期设计中必须要考虑的一个重要因素，因为这决定了该部门将如何跨业务运行。在扩张和发展战略人力资源规划职能部门时需要考虑的问题有：

- ◆ 战略人力资源规划职能部门需要向组织中的哪些个人和团队提供见解和服务？
- ◆ 部门需要多久对这些个人和团队提供一次服务？
- ◆ 这些个人和团队所需的见解与服务的复杂程度如何？
- ◆ 上述类型的服务可以通过某些技术让这些个人与团队自助获取吗？

回答这些问题将有助于促进战略人力资源规划愿景的扩张和发展。

优先级

在优化战略人力资源规划职能部门所需的系统和流程时，应该对交付服务的优先级进行一些思考。交付的优先级是一个重要的考虑因素，因为随着战略人力资源规划职能部门的成长，它的服务需求很有可能呈指数级增长。需求的这种增长可能导致各种优先事项相互竞争。面对这样的挑战，如果领导能够将优先处理请求的逻辑捋清，然后向利益相关者阐明，则会产生较好的效果。处理这一优先次序的一个好办法就是制定先级模型，通常来说，一个好的优先级模型应该包含以下标准：

◆ 谁是请求支持的客户？
◆ 该请求是否适用于紧急业务需求？
◆ 请求的复杂程度和所需的时间如何？
◆ 请求属常规型还是复杂型？

一旦确定了不同请求的优先顺序的，就应该为每个标准分配权重。在分配了这些权重之后，剩下的就是基于请求类型进行一些简单的数学运算。例如，支持紧急业务需求的请求在优先级模型上的得分就要高于非紧急业务需求的请求。

企业战略规划

一个高效的战略人力资源规划团队不仅是一个支持企业领导层的团队，也应该是一个与整个企业各个部门都合作愉快的团队要做到这一点，最重要的是把人力资源战略纳入企业战略中。举个例子，如果企业战略的重点是跨多个地区进行积极扩张，则劳动力战略的重点即要基于地理位置进行人力资源规划。

此时，还要回答以下问题：

◆ 企业战略规划多久进行一次？

◆ 战略人力资源规划是否会被纳入企业战略规划之中？

◆ 如果需要战略人力资源规划职能部门提供可交付成果，需要多少时间来准备？

将数据和技术纳入战略人力资源管理规划

在设计战略人力资源规划职能部门时应该考虑的最后一个基本问题就是数据和技术的作用，不考虑数据和技术是许多组织在早期阶段易掉入的另一个陷阱。如若在创建该职能部门的初始阶段不考虑这个问题，那么部门提供给组织的信息将无法规模化，也就不能保障数据的质量。

数据质量评估

在战略人力资源规划职能部门正式投入使用之前，组织应该进行的第一个与数据相关的活动便是评估数据的质量。评估组织数据的质量是十分必要的，因为保存在组织人力资源信息系统中的数据充斥着错误的、不准确的或过时的信息。造成这些错误通常有两个原因，第一，过去组织可能没有将劳动力分析作为优先事项，所以分析劳动力相关数据所需的系统缺乏适当的维护。第二，人力资源信息系统数据库中的许多数据都是人工输入的，因此可能会导致数据的不一致和错误。在评估过程中，组织应特别注意以下方面：

◆ 人力资源信息系统数据库中哪些数据需要人工输入？对于人工输入的条目，可能存在多大的差异？

◆ 合并、收购和组织结构的变化。是否有组织结构的变化可能会影响数据中的层次结构？

◆ 人力资源信息系统数据库中是否有已被废弃的数据和表格？这些不再使用的数据和表格会导致混淆吗？

◆ 不同国家或区域的规章条例是否会影响数据的一致性？

◆ 是否已经对数据是什么以及数据来自何处下了定义？如果不是，提供这些信息很重要。无论何时进行分析，分析师都应该回答有关数据来源的问题。

数据应该足够全面，这是一项艰巨的任务，必须由能够使用结构化查询语言和 Python 编程语言的分析人员来完成和检查。

数据评估完成后，应形成一张表格，上面应详细列出数据库中所有前后不一致的地方和错误的地方。在此基础上，再制定一项行动计划。除此之外，还应制定一项维护计划，明确今后对数据进行审计和维护的人员和工作流程。

数据清单评估

除了评估数据的质量外，还应保证组织拥有的数据的多样性。理解数据的范围很重要，因为它将帮助组织深入了解战略人力资源规划职能部门可以执行的不同类型的分析。

幸运的是，数据清单评估可以与数据质量评估同时进行。为此，可以创建专门的列表，内容包括数据质量评估中应评估的所有数据。一旦创建完此列表，组织领导就可以根据数据与战略人力资源规划职能部门的相关性进行评估。完成数据评估非常有用，它还可以指明人力资源信息系统缺少哪些数据，而这些数据可能影响战略人力资源规划职能部门将执行的某些分析。一旦确定了缺失数据的范畴，组织领导就可以转移焦点，开始思考是否要找回这些缺失的数据以及该如何找回。如果找不回丢失的数据，站在分析人员的角度，势必就战略人力资源规划职能部门可能面临的限制展开一场讨论。

技术

在为建立一个高效的战略人力资源规划职能部门奠定基础时，技术是应该考虑的最后一个因素。在扩展战略人力资源规划职能部门时，技术作为数据分析工具，可使数据可视化，并能为主要的利益相关者添加自助服务的功能。面对每一种可能的技术解决方案，需评估以下关键因素：

- 技术成本
- 技术的可伸缩性
- 技术的可用性
- 技术的复杂程度
- 使用该技术所需的技能

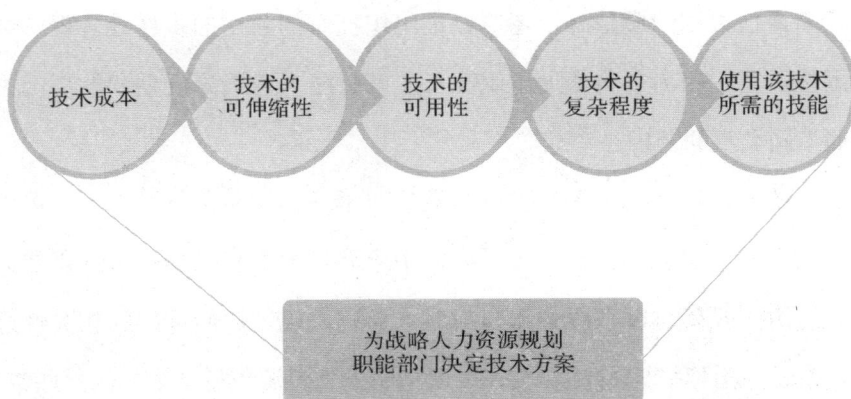

▲ 为战略人力资源规划职能部门决定技术方案时需要考虑的因素

基础型技术解决方案

在战略人力资源规划职能部门用于数据分析与可视化的工具之中，电子表格是其中最基本和最灵活的工具。电子表格成本相对便宜，有时候甚至是免费的。微软的 Excel 是一种非常流行的电子表格，大多公司雇员基本都掌握了一些 Excel 的基本操作。电子表格对于大多数组织来说是一种非常实用的工具，同时也易于共享，因此其不失为一个简单而有效的选择。当然，电子表格也有缺点，它仍然有大量的工作需要靠人工来完成。我们应该考虑的是，如果想要用它来进行更复杂的分析，就可能比较有挑战性了，可能需要更高级的技能来发挥出电子表格更高级的功能。

中间型技术解决方案

战略人力资源规划职能部门可用于数据分析与可视化的另一类技术工具是基于云的商业智能解决方案，这些技术解决方案的吸引力在于，易于使用、有可视化功能、能轻松合成和总结不同的数据源。近年来，其中一些技术已经从用于数据可视化的工具转变为能够提供更多数据和信息的平台。

与其他选择相比，这些技术与成本密切有关。随着组织规模的扩大，从供应商处获得许可证的成本会大幅增加。这些工具会带来的另一个挑战，便是后台计算的透明度。这里的问题是，由于一些计算的开发在后台完成，人们可能会认为它们都是在黑匣子中创建的，这便很难向客户和利益相关者解释这些技术工具。

先进型技术解决方案

更先进的技术解决方案。如 R 语言、Python、SAS 和 Stata，这些工具为战略人力资源规划的执行者提供一个平台来进行更高级的统计分析。使用这些工具时，首先要考虑战略人力资源规划职能部门是否需要这么复杂的统计。这很重要，因为使用这些工具需要一定程度的技能。

如果组织的愿景包括了更复杂的预测分析，那么这种性质的统计工具和软件将是必不可少的。在考虑这些工具时，最重要的便是权衡它们的成本与效益。

关于战略人力资源规划职能部门将使用的数据和技术，有许多细节需要考虑。公司在这些细节上所做的决定非常重要，会对组织产生重大影响，决定了他们是否能够通过战略人力资源规划职能部门获得准确和可操作的员工内部信息。因此，在就该部门的数据和技术做出决定之前，必须非常谨慎地、专注地深入思考，方可展开行动。

本章小结

- 在战略人力资源规划团队的设计阶段，组织应该考虑以下基础支柱：1.战略人力资源规划团队的愿景；2.战略人力资源规划需要的相关技能；3.扩大战略人力资源规划团队的规模需要建立的系统和流程；4.战略人力资源规划团队所需要的技术和数据支持。

- 创建战略人力资源规划职能部门的愿景涉及以下关键领域：1.思考战略人力资源规划职能部门将如何为公司的使命做出贡献；2.精确聚焦愿景；3.愿景的社会化和有效性。

- 在为战略人力资源规划团队配置人才时，一个有用的框架便是劳动力分析成熟度曲线。从技能的角度来看，劳动力分析成熟度曲线的成熟阶段往往能反映出战略人力资源规划职能部门想要实现愿景，以及需要哪些技能配备。

- 关于创建战略人力资源规划职能部门，组织需要考虑这个新部门将如何与组织的其他部门成员进行交互，以提供可操作、可伸缩和及时的内部信息。其中一些问题包括：1.信息与数据的接收和输出过程；2.组织的扩张与发展；3.项目之间的优先级；4.企业战略规划。

- 不考虑数据和技术是许多组织在战略人力资源规划的早期阶段易陷入的陷阱，这一陷阱将导致部门希望提供给组织的信息无法被规模化，从而不能保障信息的质量。

STRATEGIC WORKFORCE PLANNING

12

变革管理在战略人力资源规划中的作用

Developing Optimized Talent
Strategies for Future Growth

变革管理

赫拉克利特，前苏格拉底时代的希腊哲学家，因"生命中唯一不变的就是变化"这句话而闻名于世。这句话不仅适用于生活，而且适用于商业和技术的演变。商业中不可缺少变化，如果组织想要一成不变，它就有可能被竞争对手淘汰。此外，随着技术的飞速发展，变革变得越来越重要，以至于它常常被纳入组织的长期战略之中。

既然变化在生活和商业中如此常见，为什么还会有人难以拥抱改变呢？史蒂夫·麦基在 2009 年曾发表一篇题为"增长放缓之时"的文章，其中就提到了某些原因。首先，一旦我们在大脑中形成习惯和规范，就很难改变或克服这些习惯。我们的大脑也有抵抗变化的本能，因为变化涉及学习新事物。学习新事物需要大脑使用更多的能量，这也就意味着更多的困难，我们需要克服更大的阻力。通常情况下，我们不想改变是因为我们没有经历和体验过，而经历和体验对于适应变化是至关重要的。

库尔特·莱文有一句很著名的言论，"对于大多数公司来说，在组织的大环境下不愿意去改变是社会建构的必然产物"。如果是这样的话，组织能做些什么来减少这种抵制变革带来的危机呢？在回答这个问题之前，首先要了解变化在商业环境中意味着什么。从严格的商业角度来看，变化意味着引入新的流程、系统、项目、技术或操作程序。在某种程度上，以上环节多数员工都将参与其中，那么他们就都需要某种程度的改变或适应。当这些员工意识到这些变化会对他们及他们的工作方式带来什么时，就会产生一定程度的阻力，这是再正常不过的了。组织可以通过制定变革管理策略来减轻变革所带来的风险，也就是说，变革管理是组织用于帮助员工和团队更容易地适应变化的系统、工具和框架。

近 30 年来，专家、学者对变革及其对组织和业务运作的影响进行了研究，希望能够创建一些框架和模型以减轻组织对变革的抵制。一些比较流行的模式如下：

库尔特·莱文的三阶段变革模型

库尔特·莱文是现代工业心理学的先驱之一，他以创建了第一个也是最流行的处理变革的框架而闻名。这是一个三阶段的模型，第一阶段是为改变做准备，第二阶段是个人在经历变革时的过渡，第三阶段是变革完成后的一个新的均衡状态。

ADKAR 模型

ADKAR 模型是杰夫·海特在担任 Prosci 首席执行官期间开发的。该模型于 2003 年首次使用，并遵循了旨在促进个人层面变革的层序框架。ADKAR 模型包括以下步骤：

1. 认识到变革的必要性
2. 试图参与和支持变革
3. 为变革进行知识储备
4. 得到所需的技能和行为
5. 加强巩固，维持变革

ADKAR 模型以实用和简单闻名，这在那些想要寻找一种简单变革管理框架的组织之中成为一种流行的选择。

约翰·科特的变革管理模型

约翰·科特在 1996 年所著的《引领变化》（*Leading Change*）一书中介绍了他的变革管理模型。之后，他在另一本书《变革加速器：构建灵活的战略以适应快速变化的世界》（*Accelerate: Building Strategic Agility for a Faster-Moving World*）中对该模型进行了扩展。科特的变革管理模型重点在于变革过程中的 8 个关键阶段，如果这些阶段没有正确执行，就会导致组织在变革管理上出现不太理想的结果。这 8 步是：

1. 制造强烈的紧迫感
2. 建立一支强有力的指导团队
3. 确立正确而鼓舞人心的变革愿景
4. 沟通愿景
5. 更多地授权成员采取行动
6. 取得短期成效
7. 推动变革进一步向前
8. 将新方法绑定到企业文化中

变革管理在战略人力资源规划中的重要性

上一节介绍了变革管理的概念和一些流行的框架模型，一些组织使用这些框架来指导他们的变革管理战略。在本节中，讨论的重点将转移到变革管理对战略人力资源规划的影响上。

虽然战略人力资源规划的基本概念从理论上看似乎很直观，但将这一概念放到公司运营中来，就会显得更抽象一些。将战略人力资源规划的概念从理论转为组织的一部分，就是实现变革管理价值的时刻，这是战略人力资源规划职能部门能够取得长期成功的关键所在。与引入任何新的程序、项目或工作方法一样，整个组织特别是将受到变革影响的利益相关者，在开始实施新流程、新项目或新工作方式的早期阶段都会以某种形式表现出抗拒。这种抵触一定程度上会影响战略人力资源规划团队改变的动力及可能取得的成果，这时就要看组织如何更好地控制这种抵制了。以下是变革管理涉及的关键领域。

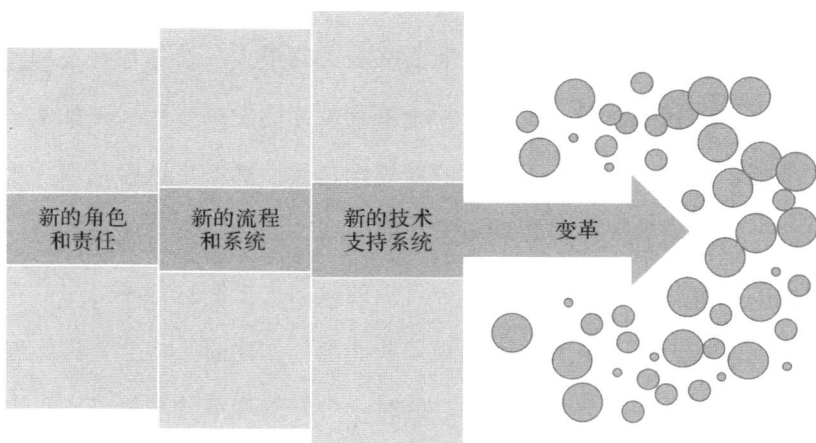

▲ 变革管理涉及的关键领域

新的角色和责任

正如本书所讨论的，一个好的战略人力资源规划职能部门不会闭门造车。也就是说，这个职能部门应该与组织中的不同团队合作，从而可以针对每个团队独特的需求来为他们提供不一样的信息，满足他们各自不同的需求。然而，这样做要求战略人力资源规划团队了解利益相关者是谁，以及他们在战略人力资源规划过程中的具体参与程度。在这一过程中，变革管理可以成为战略人力资源规划执行者的工具。而通过变革管理，可以帮助利益相关者减轻因第一次接触战略人力资源规划而产生的潜在阻力。

新的流程和系统

战略人力资源规划职能部门可能面临阻力的最大一块是在开发和实施新流程和新系统的初期阶段，配套必须全部到位才能发挥作用。正如本章之前指出的那样，人们会对他们不熟悉的新概念自然而然产生抵触情绪。理解这些新概念，包括新的操作流程和系统，需要很多精力，这可能会导致一种不怎么舒服的精神状态。这时会有一种自然的倾向去抵制这种不舒服的精神状态，这并不奇怪。在战略人力资源规划职能部门初建时，将会有许多新的流程和系统需要相关人员学习和熟悉，这时一个好的变革管理策略则可以使这个阶段更加顺利。

新的技术支持系统

战略人力资源规划另一个可能对组织造成影响的是在扩大其职能部门时伴随的相关技术问题。当组织决定采用一项新技术时，应考虑该技术涉及的几个变革管理因素：

- ◆ 有哪些利益者将使用该技术？
- ◆ 使用技术的频率是多少？
- ◆ 新技术的复杂程度如何？
- ◆ 新技术需要培训吗？如果需要，培训难度如何？
- ◆ 哪些利益相关者需要参与该技术的实施和推广？
- ◆ 新技术的实施和推广需要多长时间？
- ◆ 组织将如何确保该技术已被掌握？谁将为此承担责任？

需要注意的是，上述问题也有可能在技术的引进和实施阶段对组织造成影响。

为战略人力资源规划职能部门创建变革管理规划

设计、实现、增长和扩展战略人力资源规划职能部门将使组织了解大量的新概念、新流程、新系统和新技术，所有这些因素都有可能对组织造成重大影响。因此，组织必须制定变革管理规划以指导和促进战略人力资源规划职能部门的工作和实施。本节将向战略人力资源规划者和组织领导提供一些步骤，并制定切实可行的变革管理计划，以减少其中的一些负作用。

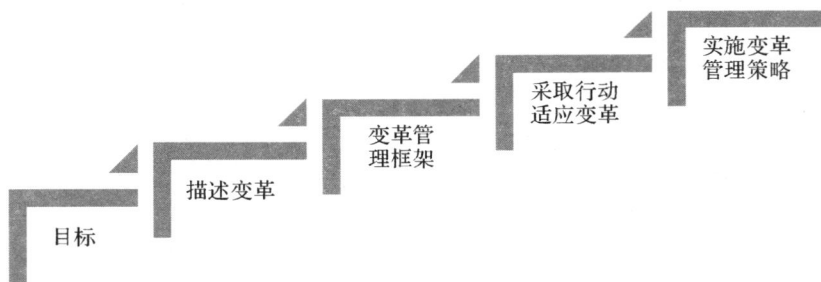

▲ 战略人力资源规划中变革管理的步骤

目的

有效的变革管理规划的第一个关键就是规划的目的。规划目的的详细程度取决于创建计划所要解决的基本组织变革的复杂度、规模和相关范围。

描述变革

一个强有力的战略人力资源规划变革管理的下一步，即概述实施战略人力资源规划将对组织运营产生何种具体影响。本节需考虑以下内容：

◆ 具体的变革内容是什么？

◆ 变革的原因是什么？

◆ 变革的规模和范围是什么？

◆ 描述组织现状以及变革会给当前组织带来什么影响？

◆ 变革的具体目标或成功标准是什么？

◆ 组织对变革的准备程度如何？换句话说，变革预期会带来的阻力有哪些，组织又准备如何去对抗这些阻力？

变革管理框架

在变革管理计划的这一部分，战略人力资源规划职能部门要提供用于帮助和促进变革的框架概述。还需就谁是关键的利益相关者进行讨论，以及确定做出变革努力的人员的名单和相关责任划分。

采取行动适应变革

变革管理规划的这一部分概述了战略人力资源规划职能部门在变革管理规划时需要考虑的具体细节，细节级别将再次取决于变革的规模和范围。无论变革有多复杂，都应包括以下方面：

◆ 战略人力资源规划职能部门需要采取哪些步骤来确定组织变革的详细内容？

◆ 战略人力资源规划职能部门将如何处理影响劳动力变革的具体情况？

◆ 战略人力资源规划职能部门将如何与利益相关者沟通有关变革的信息？

◆ 组织变革带来的潜在成本和影响如何？

实施变革管理战略

与其他部分相比，变革管理规划的这一部分内容相对较多。有以下部分应该进行细致的讨论：

◆ 行动计划

◆ 沟通计划

◆ 培训计划

◆ 阻力克服计划

行动计划

行动计划指导变革管理计划中涉及的每一项具体任务。行动计划应明确每个任务的完成时间、由谁来负责该任务以及可能与其相关的某些注意事项。

沟通计划

影响战略人力资源规划职能部门获得成功的最大因素之一便是向利益相关者传达战略变更对他们的影响。沟通在变革管理过程中非常重要，所以有必要制定一个沟通计划，概述如何去传达目标、又该怎样进行沟通。一个良好的沟通计划应与变革管理计划同步运行。

培训计划

由于战略人力资源规划职能部门将向组织介绍新的流程、系统和技术，因此相关人员就需要学习这些新知识。确保这些利益相关者得到充分培训的最有效方法便是制定一项培训计划，培训计划应包括要学习的内容、谁必须学习、如何学习以及如何衡量学习的效果。

阻力克服计划

阻力克服计划应被包括在更广泛的变革管理计划之中，它将指导战略人力资源规划职能部门处理各种类型的阻力。阻力克服计划应该概述与不同流程、人员和技术组件相关的变更可能导致的潜在对立的不同场景，在这些场景下，阻力克服计划应提供战略准备和具体步骤，详细说明如何对抗在战略人力资源规划实施过程中可能出现的阻力。

本章小结

- 管理变革是组织用来帮助团队适应变革的系统、工具和框架。

- 变革管理过程可以帮助战略人力资源部门的合作方了解变革目的是什么以及最终能带来什么价值。

- 创建变革管理策略时，组织领导需对以下部分进行审议：1. 变革管理规划的目的何在；2. 组织有哪些地方会发生变革；3. 应采取哪些措施来适应变革；4. 变革管理策略的实施规划。

STRATEGIC WORKFORCE PLANNING

13

为未来的工作做战略人力资源管理规划

Developing Optimized Talent
Strategies for Future Growth

本 章 提 纲

1. 描述工作环境的变化
2. 描述技术在不断变化的工作环境中的作用
3. 描述战略人力资源规划在未来工作中的作用

工作环境是如何变化的

上一章讨论的关键主题之一，即变化在生活和商业中都是不可避免的。从农业社会，到工业社会，我们的工作方式也在不断发展。显然，工作上的演变仅仅是人类进化的副产品。随着商业、社会和我们生活的世界的环境变化，这样的变革在未来持续下去也就不足为奇了。然而，令人惊讶的是，这种演变的节奏和速度在工作场所尤为突出。是什么导致了工作场所的快速发展？促成工作方式转变的因素有许多，但其中有一个因素对这种演变产生的影响最为显著，这个因素就是技术。如果技术进步正在改变工作方式，那将如何影响和塑造未来的工作，又会对受这些变化影响的员工和组织有何影响？以下部分将深入探讨技术是如何对我们未来的工作方式产生显著影响的。

技术如何改变未来的工作方式

技术会影响人们的工作方式，这并不是一个新的概念，只要去看看工业革命的兴起及随后的衰落，就可以了解技术对工作的影响了。现在和过去最大的差异就是变化速度的改变。另一个不同之处在于，过去技术进步创造出了很多新的就业机会，而现在并没有像过去那样创造出更多的就业机会。人工智能已经发展到可以取代重复劳动力的程度了。换句话说，我们现在所处的时代，新开发出来的技术完全可以自主运行。

近年来技术进步的步伐明显加快了，关于技术将如何影响工作的最大不确定因素就是这些变化将何时开始出现，并如何影响社会、劳动力市场和组织的工作方式。然而，在更详细地探讨这一难题之前，应该提供更多关于未来工作方式或技术进步的具体含义。

技术进步的核心是曾经或正在由人类执行的工作和任务现在可以自动化，其原因是电脑计算效率的大幅提高。计算能力的增加，使计算机能够有效地自学，这就是人工智能的表现。此外，机器可以执行的许多操作以前通常由人类执行，但现在可以更有效地完成，错误更少，成本也更低。毫无疑问，许多组织都看到了大幅降低成本的机会，纷纷通过自动化来提高生产率。所有这些复杂的因素导致了工作场所自动化新时代的到来，这将大大改变未来的工作方式。

我们已经知道自动化会给工作场所带来影响，问题是这种影响会有多深远，员工、组织和社会何时会感受到这些技术进步的影响？在回答这个问题之前，有必要深入研究下可能受到技术进步和自动化影响的工作类型。2017年1月，麦肯锡全球研究院（Mckinsey Global Institute）公布了一项为期2年的综合研究结果，该研究公布了技术进步可能对工作场所、劳动力和整个社会造成的潜在影响。报告中关于自动化如何影响特定工作和职业的最显著的发现是，在未来10~50年内，全球可能只有约5%的职业由于自动化而变得多余。但在日常工作与生活中，人们将深刻感受到自动化的影响。该研究表明，如果按任务分解工作，60%的职业中将至少有30%的工作主体由人类转向机器。该研究表明，本质上更具有物理性或常规性的工作以及涉及数据收集的任务将是最有可能由于机器而变得多余的工作。这一统计数据在美国和英国等发达国家影响尤为突出。比如在美国，这些职业占经济中所有生产力的51%，这相当于每年有2.7万亿美元用以支付这些工作的费用。

有充分的证据表明，由于机器学习和人工智能的出现，工作场所和整个社会产生了巨大的变化，但我们何时会看到这种影响的结果？简单来说，这些技术的进步已经开始对某些行业和组织产生了显著的影响。例如，根据美国劳工统计局的统计数据，自2000年以来，估计有500万工厂工作岗位消失，其中很大一部分是由自动化和技术进步造成的。近年来，由此导致的失业已不仅仅是工厂的工作了，例如：

- 2017年1月，印度IT服务公司Infosys Inc因机器学习而裁掉了9000名员工。
- 2017年3月，全球最大的资金管理公司贝莱德（Black Rock Inc.）宣布，由于有了机器学习算法，13%的投资组合经理将被裁员。这些算法已被证明在挑选股票方面比投资组合经理更为准确。
- 2016年5月，作为苹果供应商之一的中国制造公司富士康宣布，将裁减6万名工人，也就是90%的员工，劳动力将实现自动化。

◆ 2016 年 11 月，麦当劳宣布，在未来几年，全美 14000 家餐厅中的每一家都会有一定程度的收银员被自动收费亭所取代。

现在有更多的证据证明，技术和自动化对人力资源、工作场所都有普遍的影响，我们接下来要解决的问题是，这种影响将何时袭来。回答这个问题取决于几个因素，事实上，麦肯锡的文章概述了 5 个不同的主题，这些主题有可能影响上述变化发生的时间。

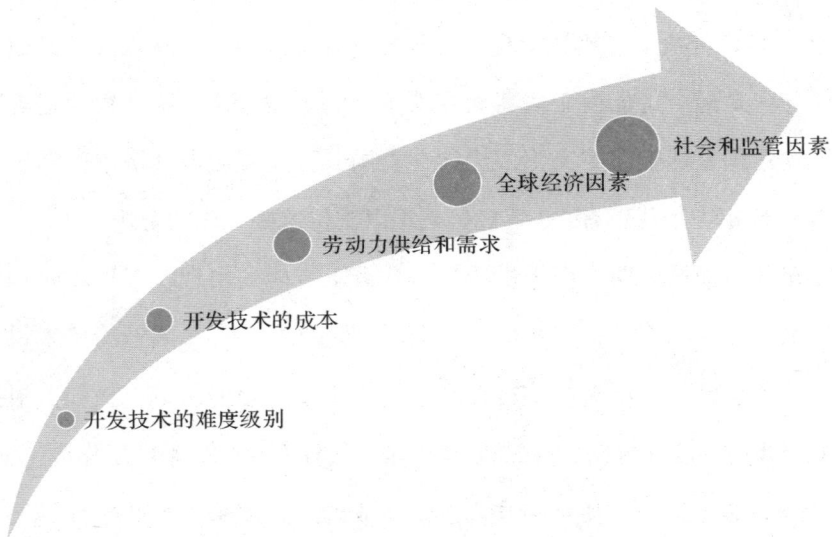

社会和监管因素

全球经济因素

劳动力供给和需求

开发技术的成本

开发技术的难度级别

▲ 新技术影响劳动力自动化的几个因素

开发技术的难度级别

这里涉及的是自动化所需的技术是否已经开发了出来，如果不是，技术开发要耗费多长时间。换句话说，如果该技术的开发、实施和整合比最初想象的更具挑战性，那么它产生影响的时间可能会推迟。

开发技术的成本

在试图评估自动化影响的时间时需要考虑的另一个因素是开发和采用相关新技术的成本。如果该技术最终成本比最初想象的要高，那么该技术在自动化任务中的开发和采用可能就会延迟。

劳动力供给与需求

全球技能的供应和需求是自动化进展的另一个因素。劳动力供需之间的平衡会影响劳动力的成本，这反过来会影响自动化取代劳动力执行任务所带来的经济利益。如果劳动力市场上的费用低于开发、实施和采用新技术以实现自动化所需的成本，那么从经济角度来看，公司会选择雇用劳动力，延迟实现自动化所需的时间。

全球经济因素

另一个可能影响自动化的因素涉及更广泛的全球经济因素。如果不可预见的经济事件对国家和组织的经济健康造成了影响，则可能会延迟自动化所需技术的开发和实施。

社会和监管因素

最后，社会和监管因素将不可避免地在时间轴中发挥作用，随着社会和监管因素开始发挥作用，相关培训、税收和失业等问题也会被纳入讨论范畴。

了解战略人力资源规划在未来工作中的作用

毫无疑问，技术的进步正在世界各地创造新型的工作场所，在这些工作场所中，传统上由人类执行的许多任务已经开始被机器取代。我们不仅需要最大限度地减少新技术和自动化对劳动力造成的伤害，而且需要最大限度地提高新技术和自动化带来的生产力的提升。为了尽可能顺利地实现这一目标，战略人力资源规划职能部门需要为组织提供重要的指导。

对于许多组织而言，新技术可能仍然是个抽象的概念，领导层可能没有意识到这些技术会很快影响到他们的组织。正是出于这个原因，战略人力资源规划职能部门的一部分作用就是让组织领导层深入了解自动化和相关技术将如何、何时以及何地影响其劳动力和相关部门。

新技术将如何影响未来的劳动力

组织需要确保制定正确的规划，以便在组织内实现自动化时减少其造成的不良影响。需要思考的问题包括：

◆ 新技术会创造新的工种还是使当前工作岗位变得多余？

◆ 新技术是否会导致更多的培训？

◆ 组织目前的培训和发展计划是否足够成熟，能够适应新技术所需的培训水平吗？

◆　组织目前的劳动力统计特征如何？技术能力强吗？

◆　如果需要新的技能，组织是否位于拥有全面技术人才供应的地区以支持这种需求？

◆　如果新技术将导致失业，对于那些失业的员工可采用何种类型的援助方式？

◆　被新技术取代的员工是否有机会在组织中担任新的角色？如果是，组织如何确保他们匹配新的工作岗位？

组织中哪个部门将会受到自动化和新技术的影响最大

这里有一个问题需要考虑：什么工作最有可能受到新技术的影响？要回答这个问题，可以从查看组织中的所有岗位开始，并根据各个工种自动化的概率对它们进行评级。在地区和国家级别执行上述活动，以了解哪些位置可能比其他位置更容易受自动化的影响。

组织何时会感受到新技术的影响

此处涉及自动化进程的五个标准，以评估实施新技术的时间表。要考虑的问题包括：

◆　自动化所需的技术是否已成为现实？竞争对手或同类行业是否已经在使用该技术？如果不是，开发这项技术需要多长时间？

◆　开发或实施技术的成本有多高？如果开发和实施这项技术的成本很高，那么技术的成本需要多长时间才能降到可行的范围内？

◆　由于受自动化影响，组织现有的劳动力成本是多少？这种劳动力的成本是很昂贵还是较便宜？如果劳动力成本很便宜，自动化会比现有的劳动力更便宜吗？如果相反，劳动力成本是否会上升，还是技术成本在未来几年会变得更具竞争力？

◆ 对于组织所处的行业及其竞争者，当前和未来的经济状况如何？组织和行业的状况是否适合投资新技术？

◆ 组织是否在一个政治、社会或监管因素可能阻碍自动化进程的行业中？如果是，这些因素是在改善还是在恶化？

本章小结

- 有两个因素导致工作环境的改变速度呈指数变化：一是零工经济，它导致就业市场上的自由职业者增加（比如优步司机）；二是新技术，它使得以前由人类执行的许多工作变得多余。

- 自动化可能不会取代所有工作岗位，但会接管一定比例的日常事务，其中重复性工作比需要更多逻辑和认知推理的工作被自动化取代的风险更大。

- 战略人力资源规划职能部门可以让组织领导深入了解自动化和技术将如何、何时及何地影响其劳动力和相关部门。

图书在版编目（CIP）数据

大数据与人力资源：Facebook 如何做人才战略规划 /
（美）罗斯·斯帕克曼著；谢淑清译 . — 杭州：浙江大学
出版社，2019.8
书名原文：Strategic Workforce Planning：Developing Optimized Talent
Strategies for Future Growth
ISBN 978-7-308-19191-3

Ⅰ . ①大…　Ⅱ . ①罗…　②谢…　Ⅲ . ①企业管理—人
力资源管理　Ⅳ . ①F272.92

中国版本图书馆 CIP 数据核字（2019）第 105704 号
©Ross Sparkman,2018
This translation of Strategic Workforce Planning is published by arrangement
with Kogan Page.
浙江省版权局著作权合同登记图字：11-2019-120

大数据与人力资源：Facebook 如何做人才战略规划
（美）罗斯·斯帕克曼　著　谢淑清　译

责任编辑　曲　静
责任校对　吴水燕
出版发行　浙江大学出版社
　　　　　　（杭州市天目山路 148 号　邮政编码 310007）
　　　　　　（网址：http://www.zjupress.com）
排　　版　杭州中大图文设计有限公司
印　　刷　浙江印刷集团有限公司
开　　本　710mm×1000mm　1/16
印　　张　14.25
字　　数　173 千
版 印 次　2019 年 8 月第 1 版　2019 年 8 月第 1 次印刷
书　　号　ISBN 978-7-308-19191-3
定　　价　49.00 元